日本人が知らない腹黒い正体！

最強の「黒幕」

アメリカ大統領の陰謀大全

国際情勢ファクト研究所

宝島社

はじめに

２０２４年６月現在、予想外の「トランプ躍進」で日本でも米大統領選に注目が集まってきた。多くの日本人がドナルド・トランプに対して「どうしてここまでアメリカ人に人気があるのか？」と疑問に思っていることだろう。

それはアメリカの有権者の多くが「今のアメリカの大統領は米国民のために、その力を使わなくなっているのではないか」と考えるようになったからだ。

２０１７年１月からのトランプ政権では、良くも悪くも〝シロート大統領〟が「やりたい放題」をした。その結果、アメリカの有権者は知ったのだ。「米大統領が本気になって強い意志を示せば、アメリカを、世界を、ここまで動かせるのか」と。

米統領は「世界一の権力者」だ。その意向は無視できない。どう対処するにせよ、なんらかのアクションが起こる。状況が必ず〝動く〟のだ。

たとえば米大統領となったトランプが「レジ袋の有料化？　こんなバカげたことはすぐにやめろ」とSNSでつぶやけば、日本のコンビニ大手各社は高い確率でなんらかのアクションを起こすはずだ。

実際、先のトランプ政権ではこうした事例が頻発した。トランプの発言が国際問題に発展する一方、硬直した状況が動き、世界が変わりつつあったのも確かなのだ。

では、従来の米大統領は、トランプのように自分の〝意志〟で何かを変えよう、世界を動かそうとしてきたといえるのか。むしろ、自らの意志で米大統領の権力を使えなくなっているのではないか。つまり、権力が「乗っ取られている」と考える米国民が増えてきたわけだ。

とくに第二次世界大戦後にアメリカが覇権国家となって以降、米大統領の権力は本人の意志ではなく「何者かに操られている」ようになった。その“何者か”がディープ・ステート（闇の政府）となる。国際金融資本、各業界を支配するメジャー（独占企業）、軍需産業、莫大な資金力を誇る巨大財団といった米政財界を裏から牛耳ってきた闇カルテルである。

ディープ・ステートは自分たちにとって「都合いい世界とシステム」の構築を企む。米大統領の持つ巨大な権力は、そのためだけに使われる。米国民や国益のために使われることはなくなったという可能性が高いのだ。

事実、米大統領の権力を乗っ取り、利用するために、歴代の米大統領の周辺には常に陰謀や謀略が渦巻いてきた。米大統領本人の意志とは思えない国際謀略や陰謀も平然と行われてきた。それまでの政治活動でまったく関心を示さなかった国際問題に、なぜか手を突っ込んでかき乱すケースがあまりにも多いのだ。

本書は、米大統領にまつわる陰謀を余すことなく紹介している。それは世界最強の権力をめぐる暗闘史であり、その権力を乗っ取られた時、世界がどうなったか？　どんな悲惨な事件や戦争が起こってきたのか？　それを読者に知ってもらいたいからだ。

そして、米大統領の権力を「本人」が存分に使った時、どれほど「アメリカ」を、そして「世界」を変えることができるのか、という可能性も同時に知ってもらいたいのだ。

今、もしトランプが大米統領に復帰したらという「もしトラ」（イフ・トランプ）がパワーワードとなって世界中に拡散している。その理由を理解する一助となれば幸いである。

国際情勢ファクト研究所

目次

日本人が知らない腹黒い正体！
最強の「黒幕」アメリカ大統領の陰謀大全

第一章 「もしトラ」で激変する世界の大陰謀

第二章「もしトラ」で暴かれる世界支配の大謀略

第三章 アメリカ大統領の「7大陰謀事件」

DONALD TRUMP:
TOO RECKLESS AND DANGEROUS

第四章 「戦争国家」アメリカの大陰謀

世界の支配者ピラミッド

ディープ・ステートの組織構図

ディープ・ステートの
王府

ロスチャイルド家（金融界の支配者）
ロックフェラー家（石油産業の支配者）
イギリス王室（メロヴィング王朝の末裔）
李家（中国秘密結社の系譜）など
ディープ・ステートを支配する特権一族。絶対的な決定権と命令権を所有

陰謀計画を報告

ディープ・ステートの
「審議委員会」

ビルダーバーグ会議
RIIA（王立国際問題研究所）
CFR（外交問題評議会）
中核組織群が発案した陰謀計画を審議し、王府に報告。その判断を仰ぐ組織

ディープ・ステートの
「中核組織群」

陰謀を提案

王府の決定を報告

中核組織群は王府を支える貴族院的な役割を果たす。陰謀を計画立案し、審議委員会を通じて王府に提案する

ビル・ゲイツ
ビッグ・テック
巨大財団
メジャー（巨大企業）
国際金融資本（ウォール街、シティなど）
FRB（連邦準備制度理事会）
バチカン
ユダヤ系財閥
イルミナティ（秘密結社系組織）
軍産複合体

ディープ・ステート

敵対

敵対

敵対

陰謀の指揮を命令

ディープ・ステートの陰謀の「指揮官」
アメリカ大統領・米政府（ホワイトハウス）

王府が了承した中核組織群発案の陰謀を指揮する。巨大な軍事力を背景にCIAなどの情報機関を使う

陰謀を指揮

ディープ・ステートの陰謀の
実行組織

米大統領・米政府の指揮、援助のもと、陰謀を実行。ほとんどの組織がディープ・ステートの存在を認識していない

ダボス会議
実行部隊の組織間の横の伝達や調整を行う

伝達・調整

国際機関（国連、WHOなど）
大手メディア
大手企業群
リベラル組織
SDGs組織
PMC（民間軍事会社）
反政府ゲリラ
国際マフィア
テロ組織
NATO
イスラエル政府
西側各国政府

支配と搾取

ディープ・ステートの「搾取対象」
=全世界のほぼすべての人々

王府、中核組織群、米大統領・米政府に「シープル（シープ+ピープル）」と呼ばれる家畜人間

世界を変えようとする「反ディープ・ステート」勢力

BRICS

中国、ロシア、インド、イランのほか、グローバルサウスを中心とした経済的連合で、人口、国土面積は世界で圧倒的な比重を占める。経済発展も著しく、近い将来、G7のすべての国を合わせたGDPを上回るとされる。世界を支配してきた西側の価値観を嫌い、「平等」「不干渉」を旗印に対ディープ・ステートでトランプと共闘する

習近平・中国国家主席

プーチン・ロシア大統領

モディ・インド首相

政治的に不干渉

親ロシア路線

反ディープ・ステートで協力

「もしトラ」後のトランプ新大統領と「米軍良心派」

大統領時代、初めて世界にディープ・ステートの存在を暴露したトランプ。制御不能の言動は米軍良識派の後ろ盾があってのもので、環境問題への疑義も反ディープ・ステートの戦略に基づく。「アメリカファースト」を掲げるトランプと「不干渉」主義のBRICSの相性はよく、「もしトラ」実現後はディープ・ステート壊滅作戦が加速するとみられている

盟友関係

イーロン・マスクとDARPA（国防高等研究計画局）

イーロン・マスクのツイッター社買収はトランプの次期米大統領選のためとされる。マスクへのDARPAによる最新軍事技術の提供もディープ・ステート壊滅作戦における大きな武器となる

トランプはイスラエルと中東諸国の融和に尽力

中東諸国

アメリカ大統領「闇パワー」10+α 歴代ランキング

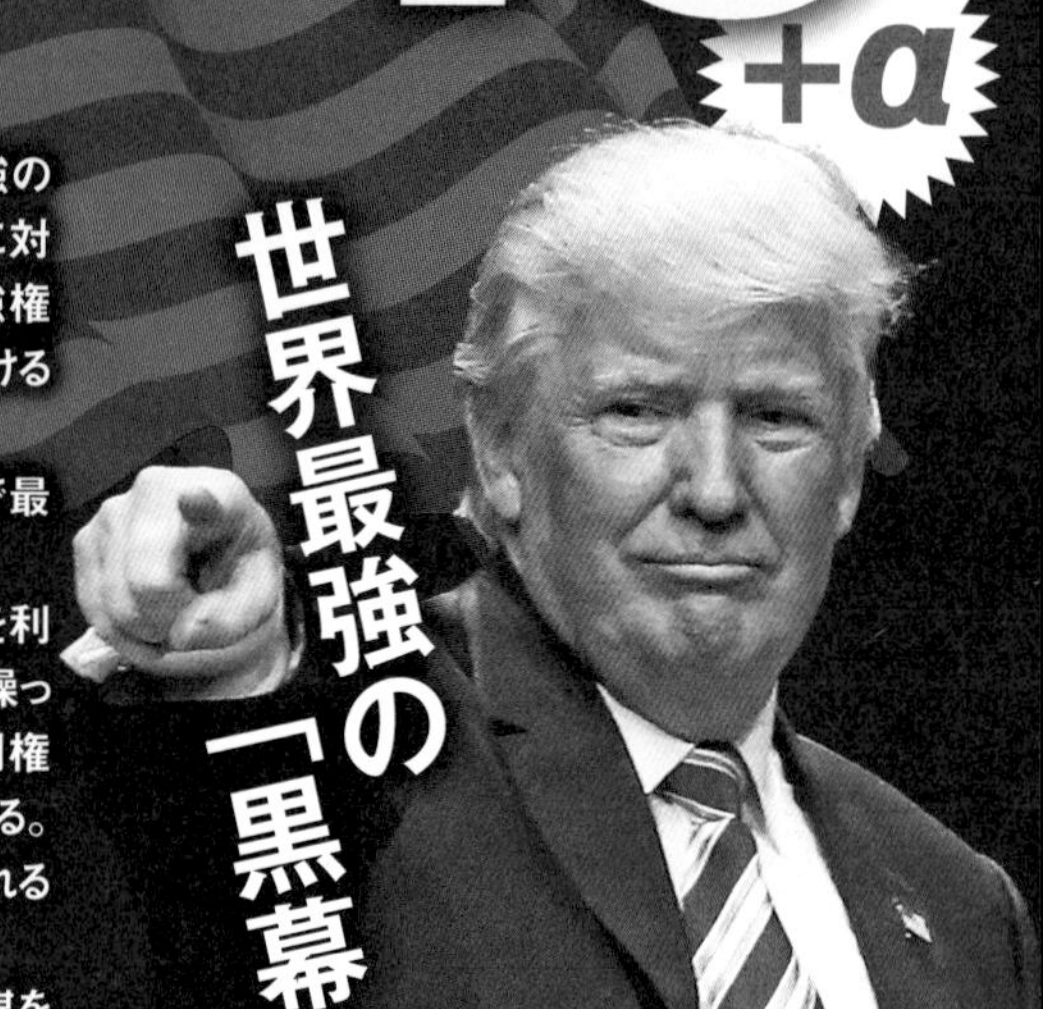

世界最強の「黒幕」は誰だ！

「個人に与えられる世界最強の権力」。それが米大統領という地位だ。

世界最大の経済力、世界有数の豊かで広大な国土、人類史上“最強の軍隊”米軍。それを自分の意思で命令できるのだ。しかも所属政党や議会に対して利害調整や配慮が必要な「首相職」と違って「大統領令」という強権を行使できる。大統領職が「民主的に選ぶ独裁者」といわれるのもうなずけるだろう。

第二次世界大戦以降、超大国となったアメリカの大統領制は、世界で最も影響力を持つ特別な地位として現在まで続いている。

個人で持つには巨大すぎる権力を支える政治的資質がなければ、それを利用しようとする勢力に簡単に飲み込まれる。そして、米大統領を飲み込み、操ってきた勢力が「ディープ・ステート（闇の政府）」だ。アメリカの政財官の利権集団であり、欧州列強が築いた旧植民地利権を引き継いできた存在でもある。

このディープ・ステートと、戦うのか？　妥協するのか？　それとも飲み込まれるのか？　この選択が米大統領の権力の大きさに直結する。

それゆえに歴代の米大統領は、常に「陰謀」に巻き込まれてきた。陰謀を“仕掛ける”こともあれば、陰謀を“仕掛けられる”こともある。誰よりも「陰謀と近い地位」といっていい。

その視点から、このパワーランキングは「歴史的偉業」を成した米大統領の順位ではなく、「アメリカ大統領」という巨大な権力をどれほど振るったかで選んだ。

戦後から冷戦の終結までの米大統領の多くはディープ・ステートの力を利用しようとあがいたが、それ以降の大統領はドナルド・トランプをのぞき、ディープ・ステートに“利用される”ことを選んだ。なぜなら米大統領の権力という点では後者のほうが強いからだ。

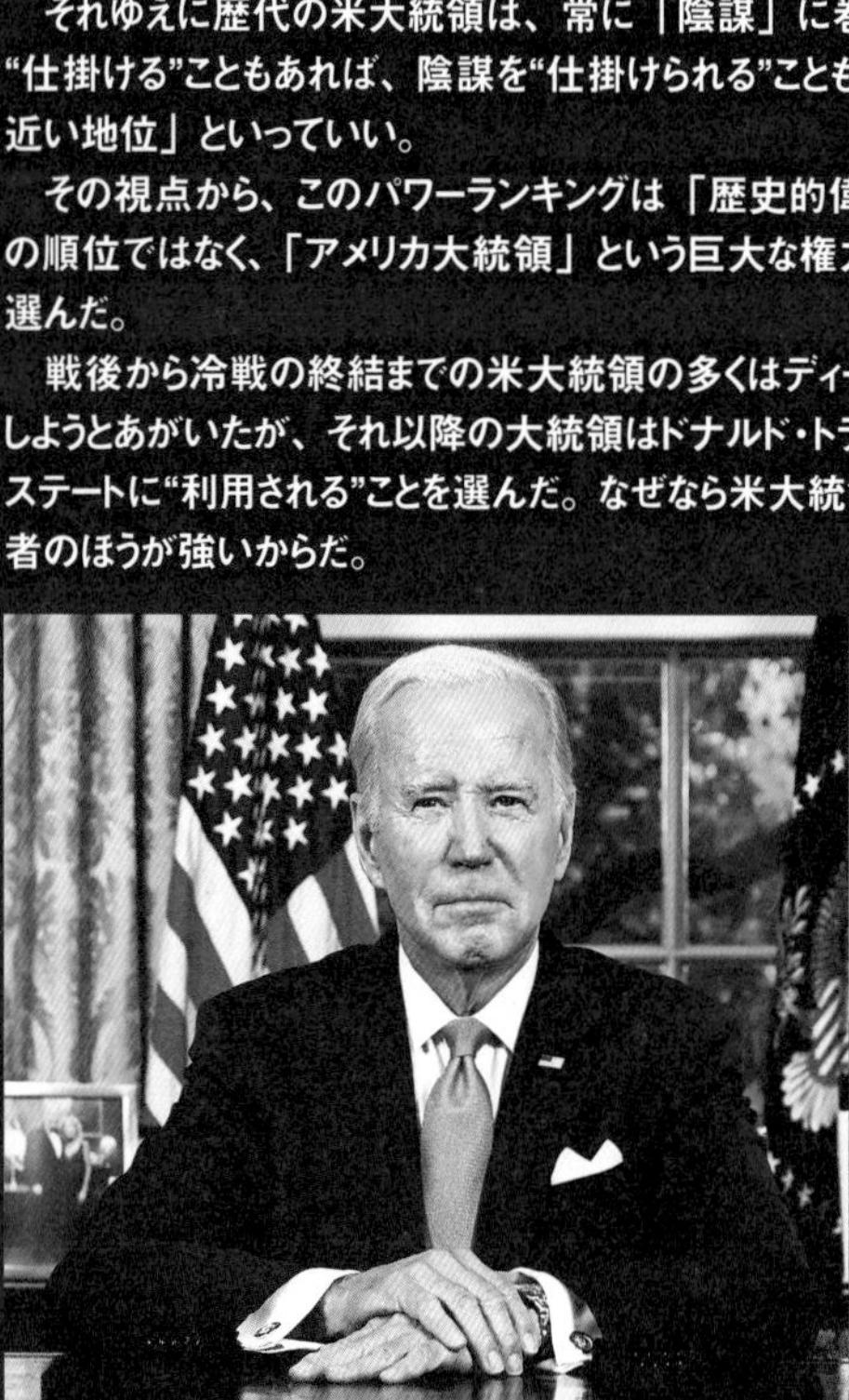

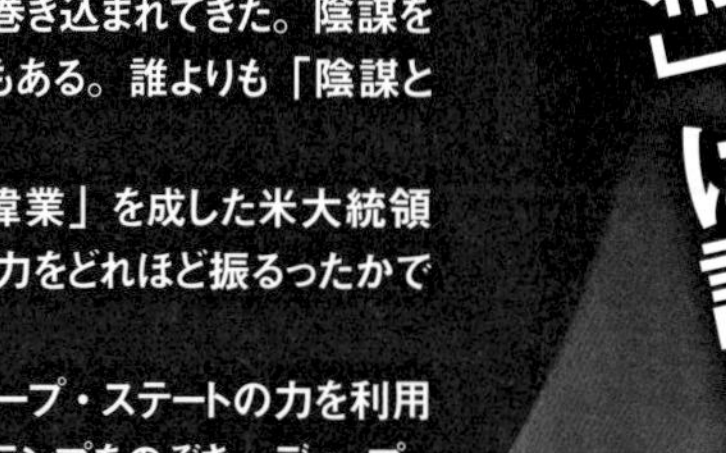

TOP 1

冷戦終結後初の「反ディープ・ステート」大統領

ツイッター（現・X）を駆使した米大統領選で勝利した結果、ディープ・ステートの影響を受けず、自らの意志に基づく政策を打ち出した冷戦終結後初の米大統領。第一次政権ではディープ・ステートの存在を世界に知らしめ、その妨害に遭いながら「反ディープ・ステート」の政策を推し進めた。次期大統領になった場合、その経験を生かしてディープ・ステートを徹底的に排除することは明確で、ロシアのウクライナ侵攻、イスラエル・ハマス戦争の早期終結を実現させると期待されている。

ドナルド・トランプ

第45代米大統領　共和党◉2017−2021年

TOP 2

ディープ・ステートによる謀略の最大の実行者

ディープ・ステートの強力な後ろ盾のもと、アメリカを世界唯一のスーパーパワー（超大国）にする陰謀を指揮。ドナルド・レーガン政権の副大統領時代、ソ連を崩壊寸前に追い込み、大統領就任後は経済面で敵となった日本に「バブル崩壊」するよう脅した。1989年から始まったパナマ侵攻で要衝パナマ運河を奪い取り、翌年の湾岸戦争で兵器の在庫一掃セールを行った。冷戦終結で解体予定だったNATOと日本を含めた在外米軍基地の縮小や撤退を許さなかった、稀代の謀略系大統領。

ジョージ・H・W・ブッシュ

第41代米大統領（パパブッシュ）　共和党◉1989−1993年

フランクリン・ルーズベルト

第32代米大統領

民主党◎1933－1945年

TOP 3

ソ連と組み、イギリスから「覇権国家」の地位を強奪

2期が慣例となっている米大統領だが、世界恐慌と第二次世界大戦という緊急事態により、史上初の4期を務めた大統領となった。ルーズベルトはアメリカを「覇権国家」にするという異常な執念を持ち、大戦末期からソ連の最高指導者、スターリンと組んで大英帝国を覇権国家の地位から引きずり降ろした。レンドリース（戦時貸与）でイギリスの国富をむしり取るという手法が取られた。ルーズベルト政権は重要スタッフや閣僚の多くがソ連のスパイだったことでも知られる。

アメリカ人が理想とする強い大統領像を体現

キューバ危機では「核戦争も辞さぬ」という強い態度でソ連と交渉し、ミサイル基地撤去に応じさせた。アポロ計画では「人類を月に送る」というニュー・フロンティア・スピリッツで国民を熱狂させた。任期中のケネディは「アメリカ人が理想とする強い大統領像」となっていた。1963年の暗殺がなければ、大統領府を完全掌握し、自分の意志のもとで米大統領という巨大権力を振るう可能性がきわめて高かった。ケネディ家は「非ワスプ」であるアイルランド系のカトリック。

ジョン・F・ケネディ

第35代米大統領

民主党◎1961－1963年

TOP 4

米大統領が仕掛けた戦争の陰謀

アメリカは移民国家として成り立っている。それゆえ国益を求めて他国に軍事介入をしようとしてもアメリカには戦争相手国出身の移民が必ず存在する。どちらに味方するのか、と世論が割れて政争になることもある。そのため開戦には米国民が納得する理由が必要となり、ここで大統領による「陰謀」が発動するのだ。主な「陰謀」を紹介。

メイン号事件（1898年）

ウィリアム・マッキンリー
第25代米大統領

スペイン領のカリブ海権益を奪うために米戦艦「メイン号」が、スペイン艦隊のだまし討ちで沈没したと米政府が発表。1898年4月に米議会が一方的に宣戦を布告し、アメリカ＝スペイン戦争（米西戦争）が始まった。

ルシタニア号事件（1915年）

ウッドロウ・ウィルソン
第28代米大統領

第一次世界大戦中に連合国側の「ルシタニア号」（イギリス船籍）に128人の一般アメリカ市民を搭乗させ、わざとドイツ海軍のUボートに撃沈させた。この沈没で米世論は反ドイツに傾き、2年後、アメリカは第一次世界大戦に参戦。

TOP 5

バラク・オバマ

第44代米大統領
民主党◉2009-2017年

プーチンと習近平を油断させた謀略家

黒人系初の米大統領であり「クリーンさ」を武器に国民人気を獲得。「核廃絶宣言」でノーベル平和賞を受賞し、西側諸国のリベラル層から高い評価を受けた。オバマ政権の8年は米大統領として「重大なことは何もしない」という振る舞いに徹した。しかし、裏ではロシアと中国を排除する陰謀を仕込み続け、オバマの次の米大統領になる予定だったヒラリー・クリントンが中露排除を実行する計画だった。プーチンと習近平はオバマの演技に油断していたが、トランプの登場で救われる形となった。

TOP 6

ドワルト・D・アイゼンハワー

第34代米大統領
共和党◉1953-1961年

「軍産複合体」という存在の危険性に警鐘

第二次世界大戦の連合軍最高指揮官として勝利に導いた「英雄」。政治とは無関係ながら共和党の要請で出馬したのは、当時のレッドパージ(赤狩り)と「冷戦体制の早期構築」という緊急の課題を解決するためだった。退任演説で国防費がGDP費14%以上、宇宙ロケットの研究開発費など「隠れ軍事予算」を含めるとGDP費30%台という大戦時と変わらない予算が続いていたアメリカの実情に対して「軍産複合体」という現在のディープ・ステートの危険性に警鐘を鳴らした。

真珠湾攻撃(1941年)

フランクリン・ルーズベルト
第32代米大統領

宣戦布告なしに日本が一方的に攻撃を仕掛けたとされるが、国際法上「最後通牒」を突きつけた時点で、日本の軍事行動は法的に問題なかった。しかも日本から開戦させるため、すでに列強だった日本に対し、「アメリカの属国になり、今後すべて米政府の命令に従え」という要求を突きつけた(ハル・ノート)。

トンキン湾事件(1964年)

リンドン・ジョンソン
第36代米大統領

北ベトナムの支配領域トンキン湾で米軍駆逐艦が北ベトナム軍の魚雷攻撃で撃沈されたとして、アメリカはベトナム戦争へと全面介入する。これも米政府の自作自演で、ベトナムの共産化阻止よりも東南アジア権益の確保が大きな目的だった。

湾岸戦争(1990年)

ジョージ・H・W・ブッシュ
第41代米大統領

アメリカの中東石油権益がイラン革命(1978年)で潰された報復として、米政府はサダム・フセインに「イランと戦争をすればクウェートを割譲する」と密約する。それを信じたフセインはクウェートに侵攻。米政府は多国籍軍を結成し湾岸戦争に。軍拡でだぶついていた兵器を処理する〝実弾演習〟に利用した。

ビル・クリントン

第42代米大統領

民主党◎1993-2001年

TOP 7

IT産業によるアメリカの世界支配の推進者

ディープ・ステートの指令のもと、IT産業を21世紀のアメリカの世界支配のツールにするべく邁進。IT技術を米系テックが独占できるように莫大な国費を開発に投入し、さらにITベンチャーの優遇や知的財産や特許の保護を国策にした。これにより1980年代、電子産業をリードしていた日本メーカーを駆逐。しかし、ホワイトハウス内で繰り返していた「不適切な関係」を暴露されたことにより、大統領退任後はディープ・ステート内でさほど高い地位は得られなかった。

ジョージ・W・ブッシュ

第43代米大統領（ベイビー・ブッシュ）

共和党◎2001-2009年

TOP 8

「21世紀最大の戦争大統領」として君臨

9・11で「テロとの戦い」を宣言。テロの再発防止を理由に、自由と権利の侵害をなによりも嫌う米国民に「愛国法」という個人への国家介入を受け入れさせた。アフガニスタン侵攻とイラク戦争を行った「21世紀最大の戦争大統領」であり、共和党の理念である「非戦と個人の権利侵害の忌避」を真っ向から叩き潰した大統領となった。小泉純一郎を使って郵政民営化を実現させ日本の国富を徹底的に搾り取ったように、ディープ・ステートの世界支配のすさまじい強欲さを隠そうともしなかった。

米大統領と「暗殺」

米大統領だけが持つ〝特殊性〟。それは「暗殺されること」が大統領の重要な仕事となっている点である。エイブラハム・リンカーン（第16代）とジョン・F・ケネディ（第35代）という暗殺された大統領は、依然、米国民に高い評価を受け、愛され続けている。これは大統領として最も困難なミッションを果たしたからなのだ。

　アメリカ人は卑劣な手段を許さないという国民性がある。大統領暗殺はその最たるものだ。そのため、「暗殺された大統領の遺志は米国民の手で必ず成し遂げる」と国民が一致団結し、暗殺してまで邪魔しようとした卑劣な勢力の野望を打ち砕くことに突き進む。

　大統領暗殺は、本来ならば世界のどこの国でも「恥部」となる。これを誇らしい「歴史」へとつくり替えてしまうアメリカ人の国民性によって、米大統領は「暗殺を恐れない態度」が強く求められるようになった。近年、米大統領選で40代の有力候補者が減ったのも、そのためだとされている。

TOP 10

ジョー・バイデン

第46代米大統領 民主党◎2021－

世界に“悪影響”を与え続ける大統領

「バイデンはＣＧでできたディープフェイクではないか」と疑われるほどディープ・ステートの「犬」として命じられるままに動いてきた。ロシアを暴発させるためにウクライナのＮＡＴＯ加盟をちらつかせ、ロシアのウクライナ侵攻後は莫大な国費を使ってウクライナ軍に武器を供与してきた。“きれいごと”好きの西側先進国は「ＳＤＧｓ」で管理し、安全保障を盾にエネルギー価格の高騰を受け入れさせるなど、世界に与えた悪影響では歴代大統領でトップクラスとなっている。

TOP 9

ロナルド・レーガン

第40代米大統領 共和党◎1981－1989年

「強い大統領」という演技力で最高権力者に

元ハリウッド俳優だが、共和党で政治実績を積む一方、アメリカ人が好む「強い大統領（政治家）」という演技力で最高権力者になった。弱点の政治力を補うためダーティーワークの得意なパパブッシュを副大統領にして重用した。パパブッシュは軍拡競争にソ連を巻き込み、日本経済に対してはプラザ合意（１９８５年）でバブル化させ、両国を潰す国際謀略を提案しレーガンの期待に応えた。レーガンは、ディープ・ステートというよりパパブッシュの傀儡大統領だった。

米大統領が仕掛けられた最悪の陰謀

南北戦争（1861年）

南北戦争は黒人奴隷の所有権をめぐって起こったとされている。人手の必要な綿花栽培のために南部の農園では大量の黒人奴隷を所有していた。一方、アメリカの工業化を図っていた北部では、安価な工場労働者として黒人奴隷に目をつけ、「奴隷解放」を謳った。その対立が南北戦争となったとされる。

この内戦の直前、日本で「黒船来航」が起こったように、当時のアメリカは日本の属国化を狙っていた。それを足がかりに台湾を獲得し、フィリピンと航路を結ぶことで巨大な「海の万里の長城」をつくり上げ、アジア権益を確保する計画を立てていたとされている。これにアジア権益を持つイギリスが激怒し、激しい内戦にすべく南北の対立を煽ったという陰謀がある。

南北戦争がなければ、この計画は成功していた可能性は高かっただけに、イギリスが仕掛けたという陰謀の信憑性は高い。

エイブラハム・リンカーン
第16代米大統領

FRB設立（1913年）

第一次世界大戦の前年、ウッドロウ・ウィルソン大統領が「オーウェン・グラス法」に署名したことでＦＲＢ（連邦準備制度理事会）が成立。「ドルの発行権」がＦＲＢへと全面移行され、米政府は通貨発行権を喪失した。

これが用意周到に準備された陰謀であった証拠に、この法案に猛烈に反対していた連邦議会の妨害を避けるため、大統領の署名時期を「クリスマス休暇」にした点がある。

また、南北戦争の戦費を金（ゴールド）で返済したため、この時期、米政府は金保有量がわずかしかなかった。それを狙い撃ちして「国際取引通貨は金兌換が条件」としたことで、大量の金を準備した銀行へと発行権が移った。あと数年、オーウェン・グラス法への署名を遅らせていれば、１９１４年から始まる第一次世界大戦による戦争特需で、米政府は莫大な金保有が可能だった。

これを仕掛けたのは、言うまでもなくロスチャイルド一族だった。

ウッドロウ・ウィルソン
第28代米大統領

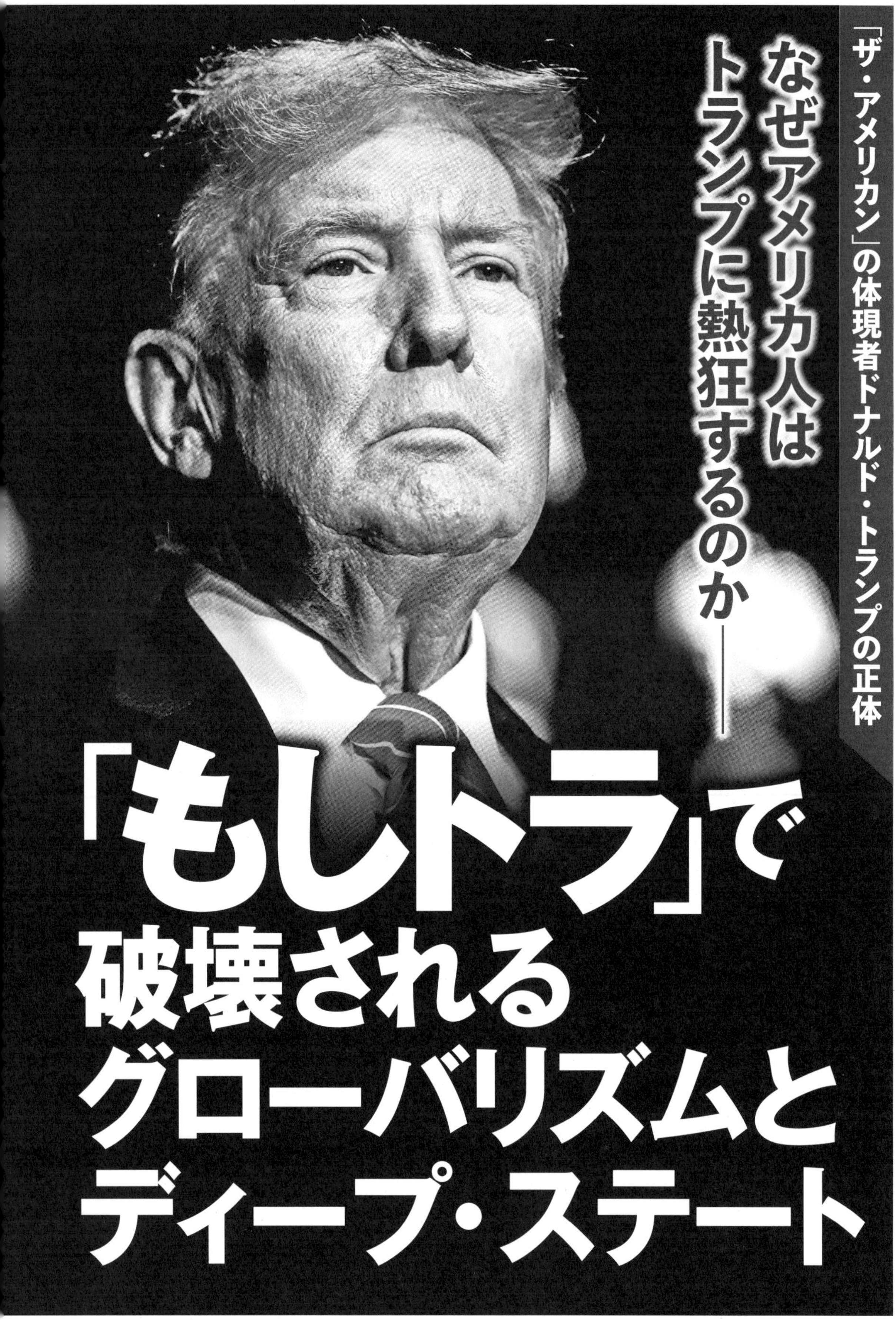

「ザ・アメリカン」の体現者ドナルド・トランプの正体

なぜアメリカ人は
トランプに熱狂するのか——

「もしトラ」で破壊されるグローバリズムとディープ・ステート

取材・文●西本頑司

「人気のある泡沫候補」にすぎなかったトランプ

「ドナルド・トランプ優勢」「米大統領選で勝利は確実か!?」

米大統領選出馬宣言以降、さんざんこき下ろしてきた米メディアと、それに追従してきた日本の大手メディアすら、各種世論調査の結果を受け、２０２４年６月以降、そう報道せざるを得なくなった。それほどまでドナルド・トランプの人気と支持率は高い。

とはいえ、この情勢に違和感を覚える人は少なくないだろう。事実、２０１６年の米大統領選挙で大本命のヒラリー・クリントンに「奇跡の逆転」で勝利後、米大統領に就任したトランプの政権運営や政策は批判の対象となり続け、その政治手腕を危ぶむ声は多かった。

米大統領は、ある意味、世界最高の権力者だ。そこに政治経験もなければ軍や政府機関での実績すらない、まったくの「ドシロート」が就任したのだ。これは建国初の珍事であり、このシロート大統領が暴走すればアメリカのみならず、世界への影響は甚大なものになりかねない。そういわんばかりに、米大統領就任以降、メディアや有識者たちはすさまじい「トランプ叩き」を続けてきた。常に非難され、バカにされてきたのだ。大手メディアの報道を妄信しやすい日本人の多くは、現在のトランプの躍進と人気の高さに「あんな人物を二度目の大統領に選ぼうとするアメリカ人たちはマジで大丈夫か」と呆れる声がSNSなどにあふれているほどだ。

では、どうしてトランプが、これほどまでに高い支持を受けているのか。

ここで重要視したいのは「なぜトランプが支持されるのか」ではない。むしろ「アメリカの有権者たちは、どうしてトランプ以外の真っ当な大統領候補を支持しなくなったのか」に注目したい。

本来、トランプの立ち位置は「人気のある泡沫候補」だった。２０００年に初めてトランプが共和党から出馬した際、ドクター中松に代表される日本の東京都知事選の名物候補に近い存在だった。これら泡沫候補やタレント・有名人は、一発勝負の議員選挙や知事選挙ならば当選する可能性はある。しかし国家元首（大統領や総理大臣）に選ばれることは基本的にあり得ないのだ。

たとえば日本でも、青島幸男が都知事、横

2000年に初めて米大統領選に出馬したトランプ
90年代、破綻寸前だったトランプ財閥を立て直した実績で全米の注目が集まり、もともとの高い知名度からアメリカ合衆国改革党から出馬。発言がよくぶれるために「リベラル候補」の扱いを受けたように、この時点では典型的な「泡沫候補」だった

「ドシロート」のトランプを候補者に選ぶしかなかった共和党

民主党候補のヒラリー・クリントンを破って
2016年の米大統領選で勝利したトランプ

共和党予備選では他の候補から「弾幕」と呼ばれるすさまじいネガティブキャンペーンCMを跳ね返し、その後のヒラリーとの戦いでも主要メディアによる猛烈なバッシング報道をものともしなかった。トランプが生み出したツイッター戦術の勝利だった

山ノックが大阪府知事になったが、では政治経験のない国民人気の高いタレントや経営者が自民党総裁になれるか、と問えば、誰もが否定するのではないか。有力野党の党首になることも難しいだろう。

これは有力政党の「党首」を選ぶのが、政治のプロフェッショナルたちだからである。彼らは一般有権者のように候補者を好感度や高学歴、高収入の職業といった基準で選ぶことはない。冷徹に候補者の政治能力を判断基準にする。ヘタに政治能力の低い党首を選べば、自らの職が失われかねないためで、当然、「シロート」などお呼びではない、となる。

つまり、トランプが２０１６年の共和党予備選を勝ち抜いた時点で、すでに「アメリカは異常な状態」に陥っていたと分析できるのだ。

「Grand Old Party＝GOP」と呼ばれる共和党は、結党時は進歩的だったが、現在ではアメリカの建国精神を守っていこうとする伝統と格式を持つ保守政党といっていい。

その共和党を支えてきた党員たちが、有力な党員であったとはいえ、政治経験のない経営者にすぎないトランプを自分たちの党の代表に選んだのだ。その意味で言えば、ヒラリーに勝利したこと以上に、トランプが共和党の予備選を勝ち抜いたことが、米政治史における最大のトピックスだったのだ。

繰り返すが２０１６年の時点で、アメリカの有権者の少なくない人たちが「既存の有力大統領候補」を見限っていた。共和党に所属し、共和党の地盤で活動する政治のプロフェッショナルたちもまた「これまでにない空気＝ムード」を強く体感していた。生き残るためには、シロートは支持しないという従来の常識を捨て、トランプを選ぶしかなかった。

そこまで共和党を支持する米国民、党所属の政治家（上院・下院・州・市などの議員やスタッフ）は追い込まれていた。

問題は、「何によって」そこまで追い込まれていたのか、にある。

「アメリカらしさ」＝ドナルド・トランプ

共和党支持者たちがトランプを支持するのは、彼らがイメージする「古き良きアメリカ」を体現しているからではないか、といわれている。

裏返せば、近年の米大統領と、米２大政党の有力候補者たちは「古き良きアメリカの体現者ではない」と、共和党支持者たちに思われているのだ。

この「古き良きアメリカ」とは「アメリカの建国精神」を意味し、この建国精神を簡潔に説明すれば、「新天地で獲得した自由と権利を自らの手で守る」となる。

最初期の大英帝国（イギリス）で迫害を受けた過激な清教徒（ピューリタン）、その後の移民たちも、頑強な階級社会と利権集団（セクトやギルド）によって出世や活躍を阻まれた貧困層出身者たちだった。故郷を捨て、その身一つで新天地に向かう。何もない荒野でがむしゃらに働き、本国では絶対に得られなかったであろうアメリカンドリーム（成功）を手にする。それがフロンティア・スピリッツ（開拓精神）であり、西部開拓を推し進めたマニフェスト・デスティニー（約束された運命）もまた、プロテスタントの特徴である「コーリング（天職）＝神に与えられた仕事を真面目に働くことが神の御心に適う」という価値観から生まれている。

過去の移民たちが大切に育んできた、この「アメリカらしさ」がアメリカを北米大陸の覇者へと押し上げたのだと、共和党支持者たちの多くは考えている。

新天地に渡った人たちによって生まれたアメリカン・スピリッツは、結果として「個人の自由と権利の保護」をなによりも重視して国家権力による個人の自由と権利の介入と圧迫を嫌う気質をアメリカ人に与えた。その極端な例となるのが、国家が個人の権利を踏みにじるならば武器を持って抵抗する権利だろう。多くのアメリカ人が頑なに「国民の銃保有」にこだわるのは、建国精神における最も重要な「個人の権利」と考えているからなのだ。

「国家の介入を最小限にしろ」と主張するから国家による国民への福祉政策も最小で受け入れる（小さな政府）。他者や組織の介入をできるだけ拒むアメリカ人独自の価値観は、国家にも拡大されて、孤立主義（モンロー主義）となる。

共和党、民主党にかぎらず、本来のアメリカ人の国民性は、米政府による他国への過剰な干渉や戦争介入に対して反対する傾向が強いのだ。また身一つで新天地へ飛び込む以上、「神にすがる」強い信仰心が自然と生まれ、それがプロテスタント的な清廉かつ勤勉な生活様式と、聖書の教えを大切に守る国民性へと高まった。

極端な個人主義と孤立主義の裏返しで、国

「古き良きアメリカ」「アメリカの建国精神」「アメリカン・スピリッツ」を体現するトランプ

家や仕事よりも「家族を優先する」といった独自の価値観、さらに欧州の伝統文化とは違う「アメリカらしいカルチャーの創造」を建国以来ずっと育んできた。いわゆる「アメリカンＷＡＳＰ（ホワイト・アングロサクソン・プロテスタント）」だが、同じＷＡＳＰでも大英帝国や、ドイツゲルマン系とは違う価値観に変容したといわれている。

民主党支持者が否定する「アメリカらしさ」

問題は、この建国時代から続いてきた「アメリカン・スピリッツ」、いうなれば「アメリカらしさ（仕草）」が、なぜか１９９０年以降、とりわけ２０００年代に入ってから急速に喪失していった点にある。理由は簡単である。アメリカの伝統的価値観と文化が、なぜかリベラル派のアメリカ人＝民主党支持者たちから徹底的に否定され、バカにされたからである。

その背景には米ソ冷戦が終結し、超大国（ハイパーパワー）となったアメリカの実情がある。「世界の警察」という名の世界の支配国家となったアメリカは、一転して積極的に他国への干渉を始める。ソ連（現・ロシア）や東側に内政干渉し、アメリカのルールを強要する。１９９０年代には湾岸戦争以下、ユーゴ内戦など各国に軍事介入を繰り返した。２０００年代以降はテロとの戦いを宣言し、アフガン戦争やイラク戦争を引きおこした。

新たなアメリカの価値観となった ディープ・ステートの「グローバル・ルール」

いかに今のアメリカが「アメリカらしく」なくなっているのかがわかるだろう。

そもそも大半のアメリカ人は日本人以上に「引きこもり」の国民性なのだ。「他国のことは基本どうでもいい。俺たちは俺たちで好きにやる」という気質が強く、米政府による他国への干渉を好まない。少なくとも第二次世界大戦までのアメリカはそうだった。冷戦時代、西側の盟主となり、東側の盟主だったソ連への対抗上、他国への干渉や軍事介入は急増していたが、これも対ソ連の戦略上、仕方なく受け入れていたにすぎない。

本来のアメリカは、冷戦が終結すれば「世界一の引きこもり体質」を発揮して、さっさと国際社会の面倒ごとから手を引き、超大国となった豊かな国内に閉じこもって個人の自由と権利のもと、愛するアメリカンカルチャー（スポーツ・映画・ドラマ・ミュージカルなど）をたっぷりと満喫し、それを邪魔しかねない政府や他国の干渉など、声を大にして反対する……。これがアメリカ国民の「正しいあり方」というものだろう。実際、共和党支持者たちのライフスタイルは、今でもこれに近い。自国の文化に満足して他国への関心が低いという点で、意外と日本人とアメリカ人の気質は似ている。

ところが冷戦終結以降、なぜかアメリカの干渉は、過去に例がないほど強まる。同時に「グローバリズム」という名の米政府（を支配する権力者一族たち＝ディープ・ステート）の決めた「グローバル・ルール」が、新たな価値観として拡大する。

アメリカン・スピリッツは、グローバルな支配体制と真逆な価値観であるため、２０００年代以降、アメリカが世界の覇者で在り続けるためにアメリカン・スピリッツとは別の新しい「アメリカ人の価値観」が必要となったのだ。

このアメリカによる世界支配を効率的に継続させる「グローバル・ルール」を牽引したのが民主党出身の米大統領と議員であり、民主党の影響力の強い米大手メディアだった。とくにニューヨーク州やカリフォルニア州と

美女をはべらし、わかりやすい「アメリカらしさ」を
体現するトランプに支持者たちは熱狂した

移民国家のアメリカでは、アメリカナイズされた映画やドラマ、スポーツなどを通じて民族や国籍かかわらず、自然と「アメリカ人」へとつくり替えられる。ドイツ系アメリカ人の富裕層だった移民3世のトランプもまた自然と「わかりやすいアメリカ人」となった

いった大都市圏は民主党の強固な地盤であり、大企業の本社が集中している。富裕層や投資を積極的に行うウォール街やエネルギーや資源などの権益確保を求める大企業（各種メジャー）にとって、この新たな価値観＝グローバリズムは非常に都合がよいものとして受け入れられていった。

　これに超大国になったアメリカの豊かさを求めて２０００年代以降、有色人種などの新移民が殺到。その多くが大都市圏に集まり、貧困や差別の対策、マイノリティの権利を保護する政策を掲げてきた民主党を熱烈に支持した。こうして誰もが正義と思い、誰もが正しい行為と感じるリベラル（人道主義＝きれいごと）を隠れ蓑とした「グローバル・ルール」が米国内で拡大、その価値観を受け入れた「新しいアメリカ人」が急増する。

グローバリズムの反対者は「野蛮人」

とはいえグローバリズムは、要するに「アメリカが決めたルールに黙って従え」「従わないならば、あらゆる手段をもって攻撃する」が本質といっていい。

　その悪辣さ、強欲さを「隠蔽」すべく「リベラル思想＝きれいごと」を強め、反対する者を「非人道的」「時代遅れの価値観」「野蛮

“プロの扇動家”マイケル・ムーア

今で言えば「迷惑系ユーチューバー」。全米ライフル協会の会長に「銃犯罪被害者についてどう思うか」などアポなし突撃取材を繰り返してきた。ムーア作品がヒットするまでアメリカの白人男性のイメージは「かっこいい」とされていたが一変した

アメリカンドリームを成し遂げたトランプが「ラストベルト」のプア・ホワイトの思いを代弁

人」と攻撃するようになったのだ。

そのターゲットとなったのが、アメリカの建国精神を大切にしてきた白人男性である。

まず、その白人男性に対する典型的な攻撃を具現化したのが映像作家のマイケル・ムーアだった。この民主党を支持する「プロの扇動家」は、白人男性でありながら共和党支持者をテレビ番組『マイケル・ムーアの恐るべき真実 アホでマヌケなアメリカ白人』（1999年）で徹底的にこき下ろした。いまだ後生大事にアメリカン・スピリッツを信奉する連中は「アホで間抜けだからクソ貧乏なんだ」とバカにした一連のムーア作品（映画・書籍）は、米メディアから大絶賛され、大都市圏で人気となった。

アホでマヌケなアメリカ白人はカウボーイスタイルを好み、分厚いステーキをほおばり、ベースボールやプロレスに熱狂してビールをかっくらう。バカだから仕事は小汚い工場や農場などで安い賃金＝ラストベルトにしか就けない。間抜けだから世界の趨勢が読めず、古くさい価値観にすがりついて新しい時代のアメリカの発展を邪魔する「害虫」、それがプア・ホワイトなのだ、と2000年から現在に至るまで、ものすごい勢いで拡散していったのだ。

その一方で共和党支持者の多くは「ラストベルト」と呼ばれながらも敬虔なプロテスタント教徒として額に汗して働いていた。なにより「自分たちが信じるアメリカン・スピリッツが、この栄光あるアメリカをつくった。過去の戦争で血を流してきたのはアメリカ白人ではないか」と。それがどうして同じアメリカ人によってないがしろにされ、否定されるのか。

それがどれほど屈辱だったのか、心中察するに余りあるだろう。そんな堪え忍ぶ日々に登場したのが、まさに〝ザ・アメリカン〟の体現者「ドナルド・トランプ」だったのだ。

大富豪でありながらハンバーガーとコーラが大好物で、満面の笑みでばくばく食べるのだ。ベースボールに熱狂し、果てはプロレス（WWE）のリングに登場する。LGBTといったマイノリティの権利、CO_2削減といったエコやクリーン政策に平然と反対する。リベラル色が強くなり「言いたいことも言え

なくなった世の中」のなか、アメリカンドリームを成し遂げたトランプが自分たちの思いを「代弁」してくれたのだ。

民主党政権＝ディープ・ステートの排除で変わる世界

肉をかっくらって何が悪い、成功すればグラマーな美女をはべらす、ストレス発散にはマグナムをぶっ放す、ガソリン代など気にせずバカでかいアメ車を転がすのがアメリカの白人の正しい伝統じゃないか、そう体現するトランプに共和党支持者は熱狂した。

他国の戦争でヤングボーイ（アメリカの若者）が血を流し、米国民の税金で戦費を賄って「当たり前」というのはどう考えてもおかしいだろ、と共和党支持者たちの多くが感じていたことをトランプは堂々と主張して行動した。共和党の代表候補だって、当然、ここまではしない。するのはトランプだけなのだ。

どれほどうれしかったか。屈辱の大きさが反動となり、すさまじい熱量となって爆発する。「政治実績がない？　それがどうした」「共和党の大統領のくせに戦争ばっかりしていたブッシュ親子や、隠れ民主党候補のような既存の共和党政治家より断然マシ」「本当に待っていた、こんな男が出てくるのを！」と共和党支持者が熱狂するのも無理はない。

つけ加えるならば、２０１６年11月の大統領選挙勝利後、トランプは「Qアノン」の情報として「クリミナル・ディープ・ステート」の存在を公言、当時のツイッター（現・X）を通じて世界に発信した。

これに対して米メディアや民主党支持者、さらにEUや日本も含めて「これだからシロート大統領は……」とバカにしては批判を繰り返してきた。

だが、共和党支持者たちは違った。建国以来、大切に育んできたアメリカ文化や、その精神性をリベラル派はどうしてここまであしざまに否定するのか？　その疑問に対する「答え」としてトランプを受け入れた。

「プア・ホワイト」の存在は、民主党との政争によるネガティブキャンペーンではなく、「アメリカ人からアメリカらしさを奪い、ディープ・ステートにとって都合のいい奴隷に仕立てようとしているのではないか」という〝陰謀〟として考えるようになったのだ。

共和党支持者にとってトランプは、南北戦争を指揮して「奴隷解放」を行った「21世紀のエイブラハム・リンカーン」となっているのだ。

２０２０年の大統領選挙の敗北は、不正選挙の問題は差し引いてもコロナ禍という異常事態ゆえに「難しい舵取りが要求される局面」と、政治実績だけは十分にあるバイデン支持が強まったのが要因の一つだろう。そのバイデン政権が4年もの間、相も変わらず「アメリカらしさ」を否定する政策を続けた以上、トランプの支持率が上昇するのは当然であり、トランプの勝利を否定するメディアや有識者の「見識」を疑うべきだろう。

２０２５年1月、ドナルド・トランプの4年ぶり二度目の政権が誕生した時、「民主党政権＝グローバリズム＝ディープ・ステート」の排除によって、間違いなくアメリカは変わる。そして世界も変わるはずだ。２０００年以降の四半世紀、世界が混迷の度合いを深めてきたのは、アメリカが「アメリカらしく」なくなっていたからではないか。トランプはその「アメリカらしさ」を取り戻す。そのために選ばれる米大統領となるだろう。

共和党支持者にとってのトランプは奴隷解放を行ったエイブラハム・リンカーン

世界一過酷でカネのかかる米大統領選の「罠」

「ディープ・ステート」のための米大統領選システムをブチ壊した
トランプの「新選挙戦術」

膨大な選挙資金を借りた米大統領はディープ・ステートの「犬」に

ディープ・ステートの傀儡をつくる米大統領選

２０２４年の米大統領選はメディアの予想を覆すかのようにドナルド・トランプが勝利に向けて突き進んでいる。

苦し紛れか、大手メディアの論調は「トランプ支持が広がったのではなく、ジョー・バイデン支持が急落した」と分析するようになった。２０２３年10月から始まったイスラエル・ハマス戦争でバイデン政権は、ガザ地区で平然とパレスチナ人を虐殺するイスラエル首相のベンヤミン・ネタニヤフを支持。あまつさえ軍事支援をしていることに、民主党を支持してきたリベラル派の若者たちが反発し、この戦争に反対しているトランプへの支持に鞍替えしたというものだ。

この分析自体、間違っているわけではないが、それがすべてではない。

２０１６年の米大統領選挙でトランプが共和党の代表候補となり、ヒラリー・クリントンに勝利したことで、多くのアメリカ人がそれまでの「大統領選挙のシステム」に疑問を抱いた。要するに、トランプが選挙活動中に幾度もディープ・ステートの名前を出したことで、２０１６年以前の米大統領選挙で選ばれた大統領は「傀儡《かいらい》」であり、共和党だろう

取材・文●西本頑司

が、民主党だろうが、誰がなっても〝大統領〟という役を演じるアクティング・プレジデントにすぎない――そう多くの人が疑うようになったのだ。

では米大統領が演じるシナリオを書いているのは誰なのか？　それは、わかりやすくディープ・ステートといってもいいが、ウォール街の国際金融資本、巨大ITテック、ロッキード・マーティン、レイセオン、ボーイングといった巨大軍事企業、食糧や各種資源を牛耳るメジャー（巨大国際資本）、これにアメリカの国家戦略を提言するCSIS（戦略国際問題研究所）、ホワイトハウスを仕切るロックフェラー一族のCFR（外交問題評議会）、さらに莫大な財力を持ち「米経済の真の黒幕」と呼ばれる巨大財団が、自らに都合のよいシナリオで米大統領を操ってきた。これら組織の利権の代理人が「米大統領」だからこそ、ディープ・ステートを「米政府を裏から支配する闇の政府」と呼んでいるのだ。

極端な話、米大統領選とは、ディープ・ステートの傀儡となり、彼らの利権のために忠実に働く人物を「選別」するために存在していた。事実、パパブッシュ（ジョージ・H・W・ブッシュ／共和党）が大統領になって以降、ビル・クリントン（民主党）、ベイビーブッシュ（ジョージ・W・ブッシュ／共和党）、バラク・オバマ（民主党）は、いずれもディープ・ステートの首輪とリード（紐）で結ばれた「忠犬」だった。パパブッシュが米大統領となった1988年の米大統領選以後、ディープ・ステートのための「大統領をつくる」システムへと切り替わっていたことが理解できる。

このディープ・ステートのための米大統領選システムから、唯一、自力で米大統領の座を射止めたのがトランプだ。この一点だけでトランプは〝稀代の大政治家〟と評価できるのである。

「最低で1000億円」必要な米大統領選

世界一過酷な選挙――。事前キャンペーンを含めれば実質3年、予備選から11月の本選まで米大統領候補は、精根尽き果てるまで選挙戦に挑むことになる。

広大な北米大陸を専用ジェット機で飛び回り、街から街へハイウエイを飛ばして移動し、休む間もなく笑顔で演説を繰り返す。移動時間も休めない。記者相手にインタビューに答え、パブリシティー用のコメントを作成。全米各地で展開する選挙イベントの打ち合わせ、とくに影響力の高いテレビや新聞への選挙広告は綿密な出稿プランが求められる。本選まで戦うには、有能な選挙対策スタッフが数多く必要で、その募集や面接など休む暇なく働く。「米大統領候補は世界で最も働いている」というジョークは間違っていない。

こんな状況ゆえに米大統領選には莫大な費用（コスト）がかかる。

日本でも総選挙となれば、政党助成金が空っぽになるといわれている。ディスカウントなしで選挙のテレビCMや全国紙の全面広告を乱発するため、テレビ局、新聞社、電通は「総選挙になると大幅黒字になる」とされる。わずか2週間の日本の選挙活動でこうなのだ。米大統領選となれば、それこそコストが2桁は違ってくる。一説には「最低で1000億円」といわれるほどだ。

こうした莫大な資金と、膨大な数の選挙スタッフの調達には所属政党の全面的な支援が不可欠となる。米大統領選を勝ち抜くには2大政党の巨大な組織力と資金調達力なしでは

米大統領の座を〝自力〟で射止めた唯一の存在がトランプ

ディープ・ステートによって選挙で借金漬けにされる米大統領

不可能なのだから、どんなに有能だろうが国民の支持を得ようが、「個人候補」では勝ち上がれない。そのようにあらかじめ制度設計されているのだ。

問題はパパブッシュが米大統領となった１９８８年の選挙だった。この時、パパブッシュは圧倒的に不利な状況を「ネガティブキャンペーン」で対立候補を潰して勝利する。対立候補のマイケル・デュカキスが「死刑反対」であることを狙い撃ちし、「デュカキスが当選すれば死刑囚たちが町に戻ってくる」と執拗にＣＭを打つことで圧倒的な不利をひっくり返した。その結果、これ以降の米大統領選挙ではネガティブキャンペーンが最優先選挙戦術となる。

この選挙戦を指揮したのがジェームズ・ベーカー国務長官（当時）だ。その後、ベーカーは息子のブッシュ・ジュニアも同様の手法で米大統領へと押し上げ、「大統領選の神様」と呼ばれた。

ネガティブキャンペーンの悪質さは、「やられる側がきちんと反論しないと確実に負ける」「反論を周知させるために別口の広告出稿が大量に必要となる」「相手陣営への報復広告でさらに予算がかかる」点にある。

本来、大手メディアへの選挙広告は自らの政策を世間にアピールすれば十分だった。ところがパパブッシュが始めたネガティブキャンペーンの登場で、広告出稿コストが何十倍も跳ね上がった。そうなればどうなるか。答えは簡単だ。先に挙げたディープ・ステート（米政財界の黒幕集団）の「大スポンサー様」たちに頭を下げてお金を借りる。予備選を勝ち抜いた時点で、すでに個人資産では返せないほどの負債を抱え、その負債は金主であるディープ・ステートの命令を忠実にこなすことで返済するしかない。任期中に完済できずに「使いっぱしり」を続ける元大統領は少なくなく、莫大な借金を抱えた「債務者」が金主に逆らえないのは当然だろう。

つまり米大統領を借金漬けにするのが、米大統領選の実態なのである。

こうして共和党、民主党問わず誰が米大統領になろうが、ディープ・ステートの「犬」になる。しかし、２０１６年、なぜかディープ・ステートの首輪をつけず、リードも外し、平然と吠えかかって噛みつく、そんな「野良犬大統領」が登場する。それがドナルド・トランプだった。

SNSとネットメディアを駆使した「新選挙戦術」

トランプが、ある意味「天才」なのは、２０００年の米大統領予備選に初出馬した際、先に述べた「ディープ・ステートの調教システム」の存在に気づいた点にある。事実、その後は二度にわたって大統領選出馬は見送り、「新しい選挙戦術」の準備を水面下で行っていた。それが普及の始まった各種ＳＮＳであり、このＳＮＳが新しい「選挙ツール」となりえるのか、その実証に時間をかけていたとされる。

その証拠に、トランプは２００９年にツイッターを開始するや、実に年間７０００前後のツイートを飛ばしまくっている。内容による反応の良し悪し、拡散度合いなどを検証し、その手応えを摑んだ２０１２年の米大統領選に出馬する。

目的はＳＮＳを駆使した「新選挙戦術」が有効かどうかの検証だったとされる。結果は共和党代表選の最終候補という成果を得て、来たる２０１６年の米大統領選に向けて準備を加速させる。手順は明快で、まずは「個人選挙スタッフ」となるSNSフォロアー数の拡大。実際、トランプは、大半の政治家や著名人のようにSNSをスタッフ任せにせず、自ら書き込み、炎上や訴訟などにも自ら対処している。こうしてトランプはツイッターの選挙戦術において「何がよくて何が悪いのか」「何が効果的なのか」世界で最も理解した政治家となる。

２０１６年に２０００万人超のフォロアー数を得た時、トランプにすれば「勝つべくして勝った」、そう考えていたことだろう。

２０１６年の米大統領選において、SNSとネットメディアを駆使した「新しい選挙戦術」を展開したトランプ陣営の選挙コストは、大富豪のトランプのポケットマネーで十分収まり、逆にヒラリー・クリントンは「過去最大の選挙コスト」をかけたうえで惨敗した。ヒラリー陣営の「万分の１」で勝ったトランプは米大統領選史上「最もコスパのよい大統領」となる一方、ヒラリーは「隠れ借金女王」へと落ちぶれた。ヒラリーが二度と米大統領選に出馬できないのは、そのためだといわれている。

いずれにせよ、２０２５年、トランプが4年ぶり二度目の米大統領となれば、ディープ・ステートの「調教システム」に堕した米大統領選の改革に乗り出す可能性が高い。実際、その改革のシステムは簡単に構築できるという。選挙がディープ・ステートの資金を当てにしない低コストとなるように、米大統領選専用SNSをつくって選挙戦を行い、あとは完全ネット投票へと切り替えればいいからである。

第2次トランプ政権における「新大統領選挙対策」の大統領補佐官は、ツイッター社を買収してトランプのアカウント凍結を解除した、イーロン・マスクになる公算が高いとされる。

「ツイッター社買収はトランプのため」という噂もあるイーロン・マスク

2022年10月、イーロン・マスクはツイッター社を440億ドルで買収。その直後にトランプの凍結アカウントを解除した。マスクはフロリダ州知事のロン・デサンティスの支持を公表していたが、トランプへの厚い支援は続いているとされる

トランプは米大統領選史上「最もコスパのよい大統領」

第一章
「もしトラ」で激変する世界の大陰謀

〝何もしない〟トランプの大統領就任で「イスラエル・ハマス戦争」は終結へ

「拡大アブラハム合意」でトランプと中東諸国が一体となりテロ組織壊滅に動く

トランプはイスラエル軍事行動を支援もしないし、非難もしない

2023年10月に勃発したイスラエル・ハマス戦争

開戦以降、ガザ地区では激しいイスラエル軍の攻撃で死傷者が急増しているが、中東諸国に軍事介入の動きは出ていない。現在のガザ地区を「ハマスの支配地」と判断しているのだ

中東諸国の信頼と評価を得てきたトランプの政策

2023年10月、イスラム武装勢力「ハマス」と戦争に突入したイスラエル。次期米大統領となった場合、ドナルド・トランプは、これにどう対処するのか。

前政権時代、トランプは強い親イスラエル姿勢を取ってきた。愛娘（イヴァンカ）と結婚したユダヤ財閥の御曹司ジャレッド・クシュナーを上級顧問に抜擢。イヴァンカはユダヤ教に改宗して「ユダヤ人」となったようにユダヤロビーとの関係は深く、「エルサレム首都」発言で中東諸国から批判を浴びてきた。

となればジョー・バイデン政権同様に、イスラエルを支持して軍事支援を行うのかといえば、答えは「ノー」となる。イスラエルの軍事行動に関して支援はしないが、とくに非難もせず「静観する」という見方が強いのだ。

前回のトランプ政権において最大の功績は「アブラハム合意」（2020年8月）といっていい。イスラエルとイスラム諸国のUAEとバーレーンの国交正常化を実現するという歴史的偉業をトランプは成し遂げた。この合意が成立したのには理由がある。

トランプがこれまでの米大統領や米政府にはなかった政治スタンスを打ち出してきたからなのだ。それが「アメリカはテロ組織の排除のために中東エリアで軍事行動はしても中東諸国への軍事介入はしない」である。トランプは、第二次世界大戦後から21世紀の現在まで、歴代大統領が好き放題に手を突っ込んできた中東の石油利権から手を引く、という方針を打ち出した〝初めて〟の米大統領なのだ。

取材・文●西本頑司

イラクに関するトランプのスタンスは「アメリカはとっとと手を引くべき」

大統領時代の2020年8月にトランプが成し遂げた「アブラハム合意」
今回の戦争は、サウジがイスラエルと協定を結んでアブラハム合意への参加に動き、これに反発したハマスが仕掛けた。「イスラエルを中東国家にする」。この合意が中東和平に直結していることがわかる

中東の石油利権から手を引く方針を打ち出した“初めて”の米大統領

たしかに在任中、シリアにおける米軍の軍事行動やイランのガーセム・ソレイマーニー司令官を無人機による暗殺（「バクダット空港襲撃事件」２０２０年1月3日）があった。しかしトランプは、これらの軍事行動を「アメリカに対するテロ（破壊妨害行為）の報復」とし、大規模な米軍の派兵や軍事介入は避けてきた。むしろアフガニスタン侵攻（２００１〜２０２１年）を終結させるために、２０２０年2月、アフガニスタンを実効支配するターリバーンとの間で米軍撤退の「ドーハ合意」を結んだ（履行は２０２１年4月のバイデン政権時代）。

　イラクに関しても「アメリカはとっとと手を引くべき」と明言。中東の石油利権確保のために過度な内政干渉と軍事介入を繰り返してきた歴代の米大統領とはまったく違う政治スタンスを打ち出し、中東諸国の信頼と評価を得てきた。そんなトランプだからアブラハム合意は成立したのだ。第2次トランプ政権においても、この方針を崩すことはないだろう。

　イスラエル・ハマス戦争に対しては「悪質なテロビジネスを行うハマスと、そのハマスを支持するガザ地区へのイスラエルの軍事行動は正しい」という声明を出すに留め、イスラエルへの米製兵器の売却はしても「国家予算から軍事支援は1セントも出さない」と予想できるのだ。

イスラエルの軍事行動は「中東諸国の常識」の範囲内

　実は中東諸国においてもイスラエルのガザ地区へ軍事行動は「容認」されていることをご存じだろうか。

　反イスラエルの急先鋒であるイランですら、イスラエルによるシリアのイラン領事館空爆（２０２４年4月2日）への報復を「事前通告をしたうえで無人となった軍事施設に2発ほど弾道ミサイルを着弾させ、あとはすべて外す」という〝茶番〟で済ませた。

　またガザ地区の国境はエジプト国軍が厳重に封鎖し続け、イスラム諸国はガザ地区の住民を「ハマスの準構成員」とみなし難民として受け入れることはない。各国とも「難民キャンプ」と称した隔離施設に強制収容しているにすぎない。実際、多くの中東諸国はイスラエルの軍事行動を批判しても経済制裁や軍事的圧力をかけてはいない。ガザ地区への攻撃は「容認」と判断している証拠と

ガザ地区住民を「ハマスの準構成員」とみなしているイスラム諸国

パレスチナへの強行姿勢を崩さないイスラエル首相のベンヤミン・ネタニヤフ
通算17年の長期政権を築いてきたが、政権基盤は意外に脆弱のため、「強いリーダー像」を揺るがすわけにはいかないとされる

バイデン大統領の停戦要求にも従わないネタニヤフ首相
ディープ・ステートに近いネタニヤフ。バイデンの停戦案を断ったのは、アブラハム合意以降、イスラエルの高い技術力の提供が評価され、合意を望む中東諸国が増えているからだという

ガザ地区の「パレスチナ部族」がハマスという外部勢力を引き入れて起こした〝部族の反乱〟

なろう。

なぜ中東諸国はイスラエルの軍事行動を「容認」しているのか。それはイスラエルの軍事行動は「中東諸国の常識」の範囲内だからなのだ。

中東諸国は基本、部族社会。支配一族は、他の被支配部族を「力で統制」する。歯向かえば容赦なく叩き潰すのが「中東式」なのだ。「目には目を歯には歯を」の同害復讐法で知られるハンムラビ法は、対等に近い部族間の闘争で「やりすぎないよう」に諌めるためにつくられた法律ではあるが、支配一族に歯向かった部族に対しては徹底的に弾圧するのが「中東ルール」であり、中東の価値観なのだ。

その視点で今回の戦争を捉えれば、ガザ地区の「パレスチナ部族」がハマスという外部勢力を引き入れて起こした〝部族の反乱〟とみなされる。戦争ではないのだ。この反乱に支配部族（イスラエル）が容赦なく攻撃するのは「中東」では当然の行為であり、むしろ甘い攻撃で済ますと「支配部族」の統制が弱まり、反乱部族が続出して収拾がつかなくなる。

民主国家ではあり得ない感覚だが、遊牧民族の部族社会が長い時間をかけて育んできた「平和の知恵」なのだ。中東諸国が支配部族による王族や独裁政権となっているのは、そうしないと国としてまとまらないからであり、実際、シリアの独裁政権が弱体化した途端、諸勢力が入り乱れてシリアは内乱状態となった。イラクも同様の状態に近い。欧米の価値観を押しつけても解決はしないことが理解できるだろう。

しかも現在のイスラエルは大半の国民が「中東生まれの中東育ち」の第2世代となっている。また国民の1割はイスラム教徒のアラブ系で、価値観も〝中東化〟が進んでいる。

不動産ビジネスでは、たとえ違法占拠した土地でも一定期間を超えれば、居住権が与えられる。トランプにすれば、イスラエルはもはや「中東国家の一つ」なのだ。となれば、あとは中東のやり方で解決すればいい。中東諸国の懸念は、あくまでも「アメリカがどこまで介入するのか」にあった。トランプならば「何もしない」のだからトランプが次期大統領選で勝利した瞬間、この戦争は「終わり」に向かう。

トランプの次期大統領就任のお祝い「拡大アブラハム合意」

そもそも中東問題が複雑化したま

ハマスやヒズボラは中東の石油利権の強奪に ディープ・ステートが利用してきた「犯罪集団」

パレスチナを統治する軍事組織「ハマス」
ハマスはガザ地区での多産を奨励し、生まれた子供たちに「反イスラエル思想」を徹底的に叩き込み、テロリストとして育成してきた

“政敵”ディープ・ステートを弱体化させ 中東諸国を“味方”につけるトランプの戦略

ま正常化しない原因は、はっきりしている。戦前は欧州列強が、戦後はアメリカが「石油利権」のために介入したためである。逆に言えば欧米の介入がなければ、現在、中東で起こっている多くの問題は正常化へと向かう。

もともとアメリカは世界最大級の埋蔵量を持つ「産油国」だ。モンロー主義（孤立主義）も手伝って第二次大戦前まで中東にはノータッチだった。それが戦後、東側の盟主となったソ連が石油のバラマキで影響力を高めたことを理由に、アメリカは中東の石油利権確保に積極的となった。こうして中東の石油利権を押さえた結果、西側諸国の石油は「ドル」でしか国際取引を認められず、ドルは国際基軸通貨として安定した。石油のおかげでどんなにドルを刷ろうが通貨価値は下がらなくなり、ドル発行権を握る利権者（米政府ではない）たちは莫大な利益を得た。この利権者たちが「ディープ・ステート」となっていくのだ。

イスラエルに関しても歴代の米政権は、中東への政治介入と軍事干渉にイスラエルを利用して石油利権の強奪を繰り返してきた。イスラエルはそのための舞台装置でしかなかった。

トランプは、これら「悪しきアメリカ＝ディープ・ステートの手口」のすべてをやめようとしている。そうして〝政敵〟ディープ・ステートを弱体化させ、同時に中東諸国を〝味方〟につける戦略を取ろうとしている。

少なくとも中東問題に関与しない米大統領の登場を中東諸国は待ち望んでいた。そのため中東諸国はトランプの次期大統領就任のお祝いに「拡大アブラハム合意」を成立させても不思議はなくなった。中東のリージョナルパワー（地域の筆頭国）であるサウジアラビアとイランが中国の仲介で電撃的な国交正常化に合意（2023年3月）した現在、UAE、バーレーンに続いて、今後、拡大アブラハム合意でサウジアラビアとイランがトランプの仲介によりイスラエルと国交正常化を成し遂げる可能性も十分にある。

そうなれば、これらの合意国が中東エリアで暴れてきた「テロ組織」「武装組織」の壊滅に動き、次期トランプ政権はテロ組織を大統領令で「国際犯罪組織＝マフィア」に指定するだろう。紛争地域から離れた高級ホテルで遊び暮らしているテロ組織の幹部たちをターゲットに、CIAや米軍の特殊部隊を動かすとも考えられる。

いずれにせよ、ハマスやヒズボラといった武装テロ組織は、ディープ・ステートが中東の石油利権の強奪を目的に利用してきた「悪質な犯罪集団」である。中東の害悪となっていた「ゴミ掃除」が終われば、中東全体が安定し、石油価格が大幅に下がる。

そうすると2024年6月からさらに上がった日本の電気代やガス代も下がることになる。

ウクライナ侵攻は〝新大統領〟トランプの「ロシアの条件丸飲み」によって終戦に

ロシアの「徴兵ドローン戦術」の拡散を防ぐために必要な停戦交渉

大統領在任中、親ロシア路線を展開してきたトランプ

トランプの「他国への不干渉」の政治姿勢がプーチンとの関係を良好にしたとされる

不動産経営者とKGBという政治家キャリアがなく大国の大統領となった両者は、従来の政治手法ではなく、自分の「やり方」を貫く点でもよく似ていた

ウクライナのNATOへの加盟は拒絶

２０２５年１月、ドナルド・トランプが米大統領に復帰すれば、この数年来、混乱してきた世界情勢が、一気に解決に向かうのではないか。なぜならトランプ新大統領が真っ先に手をつける国際問題が、２０２２年２月から続くロシアのウクライナ侵攻における「ロシアとウクライナの停戦」と予想できるからである。

前政権時代、トランプは「戦後初の親ロシア路線を選んだ米大統領」となり、これを理由に大手メディアから叩かれてきた。第二次世界大戦後の東西冷戦もあり、米国民の多くは「ロシア（旧ソ連）は敵」と刷り込まれている。トランプの「親ロシア派」のレッテルは、反トランプ派のメディアにとって最も効果のあるバッシングネタとなってきた。それでもトランプが親ロシア路線を展開してきたのは、「大国の威信を取り戻す」というウラジーミル・プーチンとトランプの政治スタンスと政治理念が近いため、協力関係が築けたとされる。

この良好な関係からトランプが停戦交渉に動き出すのは間違いない。では、どう〝決着〟をつけるのか。

それは、トランプはロシア側の条件を「丸飲み」するとされている。

まず２０１４年のウクライナ紛争以来、ロシアの支配領域となったクリミア半島と東部４州の「独立」とロシア連邦への帰属を認める。さらにウクライナ侵攻で現在ロシアに課せられている厳しい国際制裁の大幅な緩和と解除を行い、ロシア産天然ガスの欧州での販売を容認する。

ウクライナに対してはロシアからの賠償は不可とし、ＮＡＴＯへの加盟は拒絶する。ウクライナ軍への軍

取材・文●西本頑司

停戦で大幅に緩和される
ロシアへの厳しい国際制裁

2022年2月の開戦から2年を超えても終わりの見えないウクライナ侵攻

旧式戦車を引っ張り出すほど両軍とも近代兵器が枯渇。輸送用トラックもなく戦車で移送することも珍しくない

停戦条件として実行される
ゼレンスキー政権の退陣

西側諸国にとって最悪の侵略者となったプーチン大統領

この戦争は第二次世界大戦後の欧州では、70年ぶりに起こった国家同士の「総力戦」となった。戦況は長引き、西側諸国の国民生活に大きな打撃を与え、プーチンを恨む声は高まり続けている

備制限（ドローンや最新戦闘機、ミサイルの保有制限）、ゼレンスキー政権の退陣など、ほぼロシア側の要求を受け入れるわけだ。こうなればプーチン大統領は諸手を挙げて「即時停戦」と「ロシア軍撤退」に応じる。ウクライナ侵攻は、トランプの米大統領再選によって開戦から丸3年で終戦を迎える可能性が高いのである。

とはいえ、こんな条件を米大統領として仲介すれば、これまで「悪の帝国」「最悪の独裁者」「民主国家の敵」とロシア批判を繰り広げてきた西側メディアは、猛烈な勢いで「新大統領」のトランプをボロクソにこき下ろすはず。「新大統領就任から100日間は批判を差し控える」不文律（ハネムーン期間）などお構いなしに叩きまくり、リベラル派の若者たちを煽ることで、大統領弾劾や反トランプデモや暴動を全米に広げるべく動くと見込まれている。

それでもトランプは、断固たる決意を持って「ロシア寄りの停戦合意」を遂行させるだろう。

トランプはその在任中、「戦争を起こさなかった唯一の米大統領」だ。経営者らしく「戦争は儲からないどころか大損する」と嫌ったからとされる。しかし、戦争を止めるためにロシアの要求を丸飲みするほど愚かではない。

停戦を急ぐ最大の理由は、これ以上、ウクライナ侵攻が長引き、ロシアを国際社会から排除したまま経済制裁を継続すれば、世界中に戦火が拡大しかねないからだ。その理由は後述するが、戦火の拡大で米軍を世界各地に派遣せざるを得なくなることをトランプは心底嫌がっており、早急に停戦交渉をまとめようとしているのだ。

開戦から半年はボロ負けだったロシア

日本の大手メディアの報道にしか触れなければ、ウクライナ侵攻で「ロシア軍はすでにボロボロ、厳しい徴兵でロシア国内は反プーチン派によるクーデターが起こる寸前」と思ってしまいがちだが、騙されてはいけない。この戦争は、すでに1年以上前から「ロシア軍勝利の状態」となっていたからである。

たしかに開戦当初から半年は、ロシア軍精鋭の主力部隊は壊滅的な打撃を受けてきた。これはロシアの侵攻を予測して、ウクライナ軍とそれを支援する米軍とNATOによって、

ウクライナ侵攻は「従来の戦術」をすべて過去の遺物にした戦争

“新大統領”トランプによる停戦交渉で退陣が条件とされるゼレンスキー大統領
ゼレンスキーは2024年6月のアジア国防大臣級会談に直接乗り込みウクライナ支援を訴えた。ここにきて必死の支援要請を連発し、政権の延命を図る

開戦から「ロシア軍がどう行動するか」を把握し、米軍の指導を受けてきたウクライナ軍と西側義勇兵（という名の西側各国の精鋭部隊）は、万全の体制で侵攻するロシア軍を迎え撃ったからである。

とくに主力である最新戦車部隊や軍用機（戦闘機、爆撃機、軍用ヘリ）、最新ミサイルサイトやレーダーサイトなどを、徹底的かつ最優先で叩き潰してきた。わずか半年でロシア軍は実質的に「半壊」したといってよく、普通の国ならば、この時点で白旗を上げるか、全面撤退となる。その意味で、この戦争を仕掛けてきた勢力が、開戦目的にしてきた「ロシアの軍事的脅威の排除」は成功していた。軍事力が半壊したロシアなど、「おそろしくない」。国際影響力を喪失させつつ、あとは「戦争責任」を名目にロシアのガス利権を奪い尽くせばいい、と目論んでいた。

だが、そこはやはり「おそロシア」だった。

このウクライナ侵攻では、ドローンや無人機が大量投入されたことで知られるが、実は「従来の戦術」をすべて過去の遺物にした戦争でもあった。

それを生み出したのは、無能な将軍・指揮官が開戦初期の大敗でパージ（粛正）されたあと、最前線に送り込まれた「無名の指揮官」といわれている。ナポレオン戦争でも独ソ戦でもロシアは初戦大敗後に抜擢された無名の指揮官が「新戦術」を生み出し、押し返して勝利してきた。このロシア軍の伝統が今回も発動したのだ。

前線に登場したロシア式「新・徴兵戦術」

その新戦術が「徴兵の活用」である。第二次世界大戦期から兵器の高度化によって練度の低い徴用兵（一般人）は「使えない」と軍当局は判断するようになった。戦後から現在まで、軍の主力部隊はプロの「専門集団」となってきた。つまり、主力部隊が大打撃を受けた場合、軍隊として機能しなくなるのだ。その回復には最低でも数年はかかる。この「現代戦の常識」でいえば、開戦から半年でロシア軍は「壊滅」していたことになる。

ところが、開戦から1年後、ロシア軍に新たな「徴兵戦術」が登場する。開戦初期に犠牲を厭わない強行軍でなんとか確保した東部4州とウクライナ軍との国境（最前線）に、

侵攻以降、一般市民の度重なる徴兵で戦力を補強してきたロシア

ウクライナ侵攻は「徴兵された兵士は使えない」とする近代戦術の常識を覆した。プーチンは反戦ムードが高まるや即座に徴兵を実施し、国内の反戦ムードを叩き潰した

無名の指揮官が「新戦術」を生み出し逆転勝利をするのがロシア軍の伝統

ウクライナの「FPV神風ドローン」

カミカゼドローンは中核部品さえあれば「町工場」でいくらでも製造できるという

服役中の囚人も徴兵される

囚人兵が送り込まれるのは、脱走もできない「死の監獄（最前線）」となる

ロシア軍は特殊な防衛陣地を構築していった。それは、徴兵でかき集めたシロートの前線部隊を包むように前方後方に広大な地雷原をつくり、その後方にミサイルサイトや長距離ミサイル基地を設置したものだった。この特殊な防衛陣地によって、貴重なミサイルやレーダーサイトをウクライナ軍のミサイルや長距離無人機の攻撃から守れるようになったのだ。

従来の戦争ならば、こんな防衛陣地は、爆撃機の絨毯爆撃で地雷原を破壊して戦車部隊を突っ込ませれば簡単に突破できる。

しかし、ここで防衛陣地に配置された「シロート徴兵部隊」が機能する。彼らは自軍が設置した地雷原に囲まれており逃げ場はない。ミサイルやレーザーが配備された後方施設を命賭けで守らなければ、補給（食糧や弾薬）が途絶えて確実に戦死となる。いくら寄せ集めのシロート徴兵部隊とはいえ、小型ドローンや機関砲は使えるようにされている。前方地雷原を突破しようとするウクライナ軍の戦車部隊や軍用ヘリ、戦闘機、大型無人機を、逃げ場のないシロート兵たちは、この戦争で機能アップした小型ドローンで撃退するようになったのだ。

実際、イランが開発した小型ドローン「シャハド」をロシア軍は即座にライセンス購入し、これにAIを組み込んで対戦闘機、対戦車用の機能を持たせた「ゲラン2」を開発。徴兵したシロート兵でも使えるように改造し、前線に大量配備した。

このゲラン2は「5機1セット」で一般トラックの荷台から発射が可能。1セット1000万円程度で、中核部品があれば町工場でシロート工員でも製造できる。敵レーダーからは5機が1機に見える特殊な集団飛行の操作をAIが自動で行い、敵ミサイルに破壊された前方機を盾に後方から生き残った機体がAI制御で目標へと突っ込む（自爆攻撃）。首都キーウの強固な防空ラインをゲラン2が何度も突破して被害を与えているように、その性能とコスパはズバ抜けている。

こうして地雷原と、その後方に陣取るシロート徴兵部隊に阻まれたウクライナ軍は、これを排除すべく大量の対人ドローンを前線に送り込んだ。しかし、対人ドローンの時速は200キロ程度で、シロート徴兵部隊に配備された機関銃砲台や手に持った小銃を「ヘタな鉄砲」で乱射しまくれば、ドシロートでも撃ち落と

ロシアの「シロート徴兵部隊」が小型ドローンでウクライナ軍を撃退

HESA（イラン航空機製造工業）の「シャヘド136」（ロシア名「ゲラン2」）

米製軍用機や民間機の製造会社としてHESA（イラン航空機製造工業）は、1976年に親米政権だったイランのパフラヴィー朝のために米系軍需企業の支援で設立。1978年から始まったイラン革命による米系軍需企業の撤退後も、米製航空機の整備や補修を行い、F-14を運用する世界で唯一の企業となった。2000年以降は国産の航空機開発を主導し、小型ドローンのシャヘドシリーズを開発。2022年10月、ロシアとシャヘドシリーズの売却とライセンス契約をした

逃げ場のない地雷原という“死のリング”で血みどろの肉弾戦を繰り広げる戦争に

せる。さらに前線のシロート徴兵部隊に守られている後方の基地からは長距離ミサイルでウクライナ軍前線司令部や移送式ミサイルサイト、レーダー車などを狙い撃ちできるのだ。

ウクライナ軍もこれに対抗するために徴兵を実施し、シロート徴兵部隊を前線に送り込んだ。これを後方のウクライナ督戦隊が脅してロシア軍の地雷原へと突っ込ませるようになった。

いまや最前線ではロシアとウクライナのシロート徴兵たちが、逃げ場のない地雷原という〝死のリング〟で血みどろの肉弾戦をしている。そんな「この世の地獄」を、この戦争は生み出してしまったのだ。

「徴兵された一般人の大量虐殺」が前提の戦術

なぜトランプがロシアの要求を受け入れるのか。逆に受け入れなければ戦争は長引き、このロシア式「新・徴兵戦術」が、世界中の軍事政権や独裁国家、あるいはテロ組織に拡散しかねない。この拡散が、先に述べた「戦火の拡大」の原因となり、米軍を世界の紛争地へ派兵する事態を招きかねないとトランプは考えているのである。

ロシアでも徴兵対象は反プーチン派の市民活動家や、ロシア政府の方針に従順ではない民族や地域から優先的に集めている。徴兵は国内統制にも利用できる。独裁者にとって一般人など「タダ同然の兵士」で、地雷も格安、ドローンも兵器としては安い。

この戦争でドローン戦術や対ドローン戦術のデータを大量に入手したロシアの軍事支援を得られれば、その国や組織は簡単に戦争に踏み切り、かつ勝利できる。前線基地の突破には「徴兵された一般人の大量虐殺」が前提となる以上、米軍といえども勝利は難しい。

これを防ぐには、プーチンを懐柔し、多くの利益を供与してでも、この非人道的な「徴兵ドローン戦術」を生み出したロシア自身に拡散防止の責任を負わせる必要があるのだ。もしこの戦術を使ったゲリラ組織や独裁国家があるならば、その「制裁」はロシアが担う。トランプは「丸飲みする」裏取引として、これを強く要求するものとみられる。「毒をもって毒を制す」という点でロシア（プーチン政権）ほど適役はいないのも事実だろう。

トランプは、シロート大統領だ。

ロシアの「徴兵ドローン戦術」が拡散されることで世界の戦火も拡大へ

タダ同然の兵士と格安兵器ドローンを用いた狂気の戦術
この戦争でプーチンのロシアは、帝政ロシアとソ連の“伝統”を引き継いだ。西側が恐れる「ボロ雑巾のように自国民を使い捨てるロシア」の復活である。ここまでするとは西側も予測していなかったという

それゆえに、こんな大胆な発想にもとづく柔軟な対応が期待できる。トランプの政治家としての真骨頂はここにある。

ともあれ、停戦がまとまり、ロシアの経済制裁が解除となれば、ロシア産のエネルギー資源や食糧が全世界に向け安価に再供給される。今現在、日本の庶民生活に打撃を与えてきた電気代やガソリン代高騰による物価高も収まる。実はいいことずくめなのだ。

軍ですら勝つのは困難な非人道的な「徴兵ドローン戦術」

もともとロシアの軍事力と国際影響力をそぎ落とすために、アメリカは２０１４年にウクライナでマイダン革命を仕掛けた。クリミア半島を占拠したロシアを国際的に孤立させたうえで、アメリカは２０２１年にウクライナのＮＡＴＯ加盟をちらつかせてロシアを暴発させ、ウクライナ侵攻に踏み切らせた。この陰謀を仕掛けてきたのはアメリカの民主党と、それを裏から支配するディープ・ステートだった。

しかし、陰謀の実働部隊を指揮してきたディープ・ステートのビクトリア・ヌーランドは、２０２４年３月、国務次官を退任し、バイデン政権という泥船からネズミのごとく逃げ出した。本来、ウクライナ侵攻の責任を取るべきは、反トランプの謀略をめぐらせ続けてきたディープ・ステート勢力のはずだが、トランプが新大統領になることで、ロシアとウクライナの問題は平和的に解決されることになるのだ。

中国の「不動産バブル崩壊」を利用した“トランププラン”で米国内の製造業が復活

最先端クリーン技術を中国に提供する見返りに米国内に工場を誘致

国内製造業が貧困層や中間層の「セーフティネット」の中核

米製造業最大の敵が中国。さんざんアメリカを“カモ”にして稼いできた相手にトランプは容赦ない要求をし、「まずは中国が譲歩せよ」と厳しく詰め寄ると予想される

中国工場のアメリカへの誘致のために習近平と“ディール”し続けたトランプ

絶対貧困者が5000万人以上に急増

２０１９年５月以降のトランプ政権は、中国のファーウェイ潰しに動き、同時に中国企業への制裁を強めたことで、現在のアメリカの中国排除政策はドナルド・トランプが主導したかのように報じるメディアもあるが、まったく違う。

トランプの中国への対応は、共和党の〝お家芸〟である貿易摩擦であり、日米貿易摩擦で日本が取った対応を中国も行えと強く要求していたにすぎない。日本が何度も経験してきたアメリカとの貿易摩擦と同様、「アメリカで商売したいなら工場を米国内につくれ」と要求し、これに中国が応じなかったために経済制裁をしただけの話なのだ。

２０１７年に大統領に就任したトランプは繰り返し、「米国内の製造業を復活させる」と主張してきた。トランプの対応は一貫しているのだ。トランプが製造業復活にこだわるのには理由がある。国内製造業が貧困層や中間層の「セーフティネット」の中核となっているからだ。

周知のとおり、アメリカはオバマケアができるまで「国民皆保険」がなく（現在も他の先進国に比べて脆弱）、また公的年金も存在しなかった。これには理由がある。アメリカではこれら公的福祉は企業が担う前提になっているためなのだ。

企業は社員と、その家族の医療保険、年金、さらには住宅購入の支援を行う義務があり、米国内企業の「レガシーコスト（社員の福利厚生関連予算）」は世界一高い。それを嫌がり、１９７０年代以降、産業の空洞化が加速し、とくに大量の従業員を雇用してきた自動車メーカーは「自由貿易協定」を結んだメキシコ

取材・文●西本頑司

トランプが繰り返す一貫した主張は「米国内の製造業を復活させる」

トランプ支持の「ラストベルト」の人々を救うために中国工場を誘致

中間層の多くが製造業の空洞化で貧困に陥った。その復活を掲げるトランプの政策は彼らの希望となっている

バイデン政権を支えるグローバリストたちは中国への投資で大儲け

中国は外資に対して自国内での自由な経済活動を認めていない。当然、中国企業も外国で自由な経済活動はできないはずだが、強引で自由な経済活動を行い続け躍進していった

金融やITビジネスの台頭でアメリカの製造業は壊滅状態

とカナダへと一斉に逃げ出した。

さらに1990年代以降、金融ビッグバンとITビジネスの台頭で米経済の主力は金融サービスとIT系など「非工場」「非生産」の第3次産業へと完全に切り替わった。かつての「世界の工場」が壊滅状態になったのである。

新たな主力産業となった金融やITビジネスでは、高度な教育が必要となる。また高額な成功報酬を求めて国外から有能な人材が集まりやすい。結果、多国籍出身のミリオンダラー（億万長者）が続々と生まれるなか、かつて工場労働者として中間層だった人たちは、日々の生活に困窮し、医療保険もなく病院にも行けない貧困層となった。そんな絶対貧困者は5000万人以上にも急増しているという。

これを解決するには、世界企業の生産工場を米国内に誘致し、高度な教育を受けてなくとも働ける生産現場に貧困層を大量に雇用させて企業に福祉を担わせる必要があったのだ。

バイデン政権の中国排除の実態

2021年にスタートした民主党大統領のジョー・バイデン政権は、あたかもトランプの政策を継続するかのように「中国排除」を国家戦略にしてきた。

だが、それは似て非なるものだ。バイデン政権を裏から支配する民主党諸勢力（グローバリスト）は、1990年以降、開放政策に転じた中国を力強く支援した。とくに中国企業に対してウォール街を通じて投資しまくり、アメリカへの輸出規制を大幅に緩和することで業績と株価をつり上げ、莫大なキャピタルゲインを手にしてきた。2024年現在、「世界一の電気自動車メーカー」となり「世界で最も活躍する中国メーカー」となったBYDは、2008年にウォーレン・バフェットが、2010年にはビル・ゲイツが莫大な投資と株価を取得した途端、世界企業へと発展したことでも知られる。

こうして利益を確定させたあと、まずは天然ガス輸出で国際影響力を高めたロシアを国際的に孤立させて戦争（ウクライナ侵攻）へと引きずり込み、続いて「世界の工場」となった中国を西側市場から駆逐し、影響力と国力をそぎ落とそうとしている。株式でいう「下げポジションでの大量空売り」で荒稼ぎを図っていたのが、バイデン政権の中露排除の

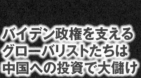

不動産バブル崩壊で中国の債務残高は314兆人民元(6280兆円)以上に

中国不動産バブル崩壊の象徴「恒大集団」の経営危機
習近平は大のサッカー好き。恒大はそこに目をつけ、広州恒大というスーパークラブをつくり、習近平が大ファンと公言するリッピやカンナバーロをチームに招へいしてきた。これで国家主席から気に入られた恒大は野放図な事業拡大を行い、破綻した

中国の都市部では深刻な「大気汚染」に日常的に苦しんでいる
大気汚染はディーゼル車や煙突に高性能な防塵フィルターの設置を義務化すれば簡単に改善する。東京や大阪はそれにより青空が戻ったが、高コストのため中国では普及が進んでいない

習近平も無視できない「不動産ビジネスの専門家」としてのトランプのアドバイス

実態なのである。

第2次政権でもトランプは中国企業にアメリカへ移転するよう強く要求するだろうが、前回と違い、経験が積み増している。そのため、トランプは中国の「不動産バブル崩壊」をうまく利用するのでは、と考えられるのだ。

中国の過熱した不動産投資によって、一説では「中国の債務残高は最低で314兆人民元（6280兆円）に達してデフォルトは確実」と報じられている。習近平政権は、今後、この対処に追われることになろう。

その点で不動産ビジネスの専門家であるトランプのアドバイスは、終身皇帝となった習近平といえども無視できない。

バブル崩壊の確実かつ唯一の対策は、新産業の構築である。日本もバブル崩壊後、IT産業が勃興した2000年前後、「失われた10年」と呼ばれた銀行による貸し渋りや貸しはがしが収まっていく。またITは破綻した金融機関の優秀な人材の受け皿にもなった。

では2024年以降、内需拡大のエンジンとなってきた不動産ビジネスに代わる新産業が中国にあるのか。

実はあるのだ。それが「環境ビジネス」と「クリーンビジネス」である。中国は無軌道な経済発展と乱開発、モラルの低い経営者によって「大気汚染」や「環境破壊」が深刻なレベルに達している。これに「鬼城」と呼ばれる大量の無人マンションの問題まで加わってくる。

現在の中国の現状を見れば、破壊された「環境復活ビジネス」と、これまでいい加減に処理してきた工場を厳しい環境基準を満たすようにする「クリーン工場化ビジネス」は、不動産ビジネス以上に内需のエンジンになりえる可能性に満ちている。

では、なぜやらないのか？　理由は、中国企業が環境技術やクリーン技術を持っていない点にある。「垂れ流すほうが儲かる」「環境技術を研究する資金より共産党幹部に渡す賄賂のほうが安い」と研究開発をおざなりにしてきた、といわれている。

日本が持つ数々の「最先端クリーン技術」

現在、この「環境に優しい」クリーンビジネスのトップランナーは日本だ。

1960年代、オリンピック不況のあと、日本は深刻な公害被害に見

日中共同のクリーンビジネス生産工場のアメリカへの誘致を促すトランプ

日本を巻き込むことになる トランプvs習近平の第二ラウンド

トランプは中国を内需政策に転換させることで「中国を中国国内に封じ込める」という戦略を描いているとされる

トランプが狙う日本の「クリーン技術」の中国への提供

日本はナチスから取得した石炭液化技術の開発研究を現在まで進めてきた。中国は煤煙を撒き散らす石炭を煤煙が出にくい液体燃料にする技術を欲しがっているという

西側基準の「クリーン化」を満たさない中国製品には莫大な関税をかける

舞われた。これに1970年代のオイルショックが重なり、日本企業は「エコ」「省エネ」技術を最優先で研究開発してきた結果、この手の基幹技術や重要特許で世界一となった。以後も日本企業と国内研究所は、これらの研究開発を推し進め、現在も極めて高い水準にある。

　そして、この日本が持つ数々の「クリーン技術」を中国に対して吐き出させることが可能な人物は、世界にひとり。それが米国内への製造工場誘致を最優先政策と考えるトランプ〝新〟大統領なのである。

　新しい中核産業になりえる日本のクリーン技術を中国に提供する条件として、当然のことながら中国は西側先進国並みの「知的財産権の法制化」と「西側基準での特許料支払い」の国際条約を締結する必要がある。同時にトランプは、西側基準の「クリーン化」「周辺環境の正しい対策（アセスメント）」がなされていない商品には、莫大な関税をかける法案を西側諸国に働きかける可能性が高い。その場合、中国国内で生産する商品は、当面、米系企業のiPhoneだろうが国際競争力を失う。そこで「世界一の環境基準に満たした生産工場を日本企業と共同でつくればいい」と、アメリカへの移転を促していくわけだ。

　トランプは2020年の米大統領選のさなか、トランプ嫌いで有名な実業家に対し「きっと君は、僕に感謝するはずだ。中国が莫大なロイヤリティを払うようになるからね」とツイートし話題となった。

　この発言で、トランプが中国＝習近平に西側基準の知的財産権を認めさせる確信を持っていることが窺える。また日本のクリーン技術の中国への提供も一方的に損をするわけではなく、日中共同の生産工場のアメリカへの移転が新規のビジネスチャンスとなるだけに、このトランププランに応じる可能性は高いとされる。

トランプのロシア・ウクライナ停戦交渉で北朝鮮は「長距離弾道ミサイル」を廃棄

ロシアの北朝鮮支援を「容認」する見返りにトランプがミサイル破棄を要求

「米国に核弾道ミサイルを撃ち込む」と挑発してきた金正恩と会談したトランプ

2019年2月、ベトナムのハノイで行われた二度目の米朝首脳会談

父・金正日の「瀬戸際外交」にならって成果を出すことを狙ったが、政治オンチのトランプには逆効果に。米朝会談では事前交渉で問題点の妥協点を探るという基本すら行われなかった

トランプにもたらされた北朝鮮の国家存亡の危機

日本人の多くが、トランプのイメージを金正恩とセットにしているのではないか。朝鮮半島の非核化を実現して「ノーベル平和賞」をもらい、2期目の勝利を確定させるという甘い目論みで三度も米朝会談を行い、あげく金正恩に騙された「間抜けな米大統領」というイメージだ。米朝会談を行った背景を報じなければ、そう思う日本人が増えて当然なのだ。

そもそもトランプが金正恩との会談に応じたのは「北米大陸に核弾道ミサイルを撃ち込む」と金正恩が挑発してきたのが原因だった。ロサンゼルスとおぼしき街が、北朝鮮製の核弾道ミサイルによって一瞬で壊滅する。そんなイメージビデオを北朝鮮の国営テレビで大々的に報じたのだ。日本人にすれば、この手の挑発は慣れっこ。「ああ、またいつもの挑発か」と流す。しかし、アメリカにしてみれば、ここまで露骨な挑発をされたことはなく、米国民の生命と財産を守る義務を負った米大統領としては、何らかのアクションを起こす必要が出てしまったのだ。

結果として北朝鮮の核廃絶は失敗に終わったが、それに対してトランプは、「ワームビア法」という厳しい国際規制を課した。この法律は、要するに北朝鮮は「マフィア国家」であり、マフィアに対しては、すべての商取引は禁止、商業用の外為為替や口座は凍結、北朝鮮国籍の個人・組織に対して何らかの「報酬」を与えた西側諸国の企業や団体は、「マフィアのほう助罪」で罰則を与えるというものだ。

これで北朝鮮経済は壊滅状態となり、冬場に暖を取るための重油や石炭もなくなり、農業用重機も動かせ

取材・文●西本頑司

トランプは「ワームビア法」で北朝鮮を国際的な「マフィア国家」に認定

ウクライナ侵攻という追い風を受け「ロシア特需」による好景気で北朝鮮は復活

2020年のトランプの落選は金正恩にとって命拾いとなった

会談が不発に終わったトランプ政権末期、金正恩の死亡説、重病説、影武者説などが飛び交った

金正恩は大陸間弾道ミサイル「火星17」を娘と視察

ウクライナ侵攻以降、景気よく打ち上げているように、打ち上げ回数は北の景気と連動している

ないまま大量の餓死者が出る状況へと陥った。さらにトランプは米軍特殊部隊に金正恩の「斬首作戦」を大統領令で命じており、金正恩は公式の場から姿を消すしかなかったほどなのだ。

もし、2020年の米大統領選でトランプが勝利して2期目に突入していた場合、間違いなく北朝鮮では金正恩体制に対する軍事クーデターが起こっていたといわれている。そう考えれば、トランプが行った対処は米大統領として間違っていなかったことがわかるだろう。

トランプによって国家存亡の危機を迎えていた北朝鮮と金正恩は、「トランプ落選」と2022年2月のロシアによるウクライナ侵攻という追い風を受け、見事に復活する。

ウクライナ侵攻が泥沼化したことで、プーチンは武器弾薬の製造や後方施設の建設人員を北朝鮮に依頼する。その見返りとしてロシアは国際制裁でだぶついていた穀物（小麦など）とエネルギー資源（石炭や重油）を北朝鮮に大量に供与。北朝鮮内の工場はフル稼働状態となり、「ロシア特需」による好景気で金正恩体制はかつてないほど安定し、軍部と労働党に強固な独裁体制を築いたといわれている。

2025年1月、第2次トランプ政権が始まった場合、金正恩は、仇敵であるトランプと同盟国（日本と韓国）に対してどう動くのか？　一方のトランプ新大統領は、天敵「ロケットマン（金正恩）」にどう対処するのか？

結論を言えば「トランプは何もしない」、である。

トランプが興味あるのは長距離弾道ミサイルだけ

北朝鮮と金正恩が「アメリカに核をぶち込む」という常識外れな挑発をしないかぎり、国際間のやっかいごとに基本的に無関心なトランプは「何もしない」だろうし、さすがに一度は国家滅亡寸前まで追い込まれた金正恩も同じ過ちは繰り返さないはずだ。

結局、米大統領になったトランプにとって重要な点は、「火星シリーズ」と呼ばれる北米大陸に到達しかねない長距離弾道ミサイルの存在だけ。北朝鮮側が「火星シリーズに重大な欠陥があった。再設計が完了するまで全面的に凍結する」とでも言えば、トランプにとって北朝鮮問題は「終わり」となる。

ウクライナ侵攻の停戦交渉でトランプは「北朝鮮への支援はやめろ」とプーチンに要求

ウクライナ侵攻後の2023年9月にロシアで会談した金正恩とプーチン
珍しくプーチンが遅刻しなかったと話題になった。北からの弾薬供与はロシア軍の命綱となっている証拠だろう

プーチンはトランプとのウクライナ侵攻の停戦交渉で北朝鮮の長距離弾道ミサイルの破棄を確約する確率は高い
北朝鮮はロシアからの支援の結果、経済面は完全に依存状態になっており、すでにロシアの「属国」と化している。プーチンが命じれば金正恩は逆らえないとされる

問題はアメリカの同盟国である日本と韓国だが、商売人のトランプにすれば「北のミサイルを迎撃できるMD（ミサイルディフェンス）の最新モデルをいくらでも売ってやる」で済ます可能性が高い。とくに在日米軍基地と在日アメリカ人、アメリカからの観光客が多い日本に対しては、「日本在住のアメリカ人の安全のためにもカネを惜しまず大量に配備しろ」と強硬に要求してくることが予想できる。

北朝鮮の長距離弾道ミサイルの廃棄にせよ、第2次トランプ政権はウクライナ侵攻終結のために「プーチンとロシアに大幅に譲歩する」可能性が高い。現在のロシアに対する国際制裁が大幅に緩和ないし解除されれば、タダ同然に資源や食料を北朝鮮に供与する必要はなくなる。

結果、ロシアによる北朝鮮への「便宜供与」は間違いなく縮小されていく。安定していた金正恩政権の運営もぐらつく。ウクライナ侵攻の停戦交渉でトランプが「北朝鮮への支援はやめろ」と要求すれば簡単に窮地に陥るのだ。となれば金正恩に残された手段は、プーチンを通じて「長距離弾道ミサイルを廃棄する」とトランプサイドに伝え、その見返りとしてロシアによる支援を黙認してもらう選択肢しかなくなる。

ロシアにしても、ウクライナ侵攻で大量の戦死者が出た。ロシア国内に直接の戦火はなかったが、追加徴兵を繰り返したことで国内の生産現場で深刻な人員不足が起こった。ロシア国内の建設現場や生産現場で働く「北朝鮮の派遣社員」は「真面目で文句を言わずによく働く」と国内産業で引っ張りだこになっている。世界有数の穀物生産量とエネルギー産出量を誇るロシアにすれば、大量の派遣労働者の対価として資源や食料を渡すことには文句はなく、また戦争で使い尽くした小銃や機関銃の銃弾とドローンの製造を北の工場に委託するのも悪くはない。

北朝鮮が長距離弾道ミサイルを廃棄し、アメリカはその見返りとしてロシアによる北朝鮮支援を「容認」する。この3カ国の「裏取引＝密約」が成立する可能性は高いのだ。

防衛予算を倍増させている日本は太客

それだけではない。トランプはプーチンを通じて北朝鮮を動かし、極東に〝出来レース〟としての軍事的緊張を高める戦略を行う可能性もあ

極東に“出来レース”として軍事的緊張を高めるトランプの戦略

米本土に届かないミサイル「火星12」は温存される

北朝鮮は「糞尿風船」を韓国へ大量に飛ばし、ソウルでも被害が出ている。この攻撃がいつドローンに、そしてミサイルに切り替わっても不思議はない

トランプの戦略に従うしか生き残る術はない金正恩

北朝鮮の独裁体制は、基本的に党と軍の高官たちに利益を与え、豊かな生活を保障することで成り立つ。現在は「ロシアマネー」しか利益の確保手段がない

トランプの策略で金正恩は「米製兵器のセールスマン」に

トランプ〝演出〟の北朝鮮の脅威は、アジア地域における米製兵器の販売に大いに役立つだろう

る。米製武器が日本や韓国、台湾や東南アジア諸国でバカ売れするからである。

とくに今回のウクライナ侵攻では、数々の「ドローン戦術」と「対ドローン戦術」が生まれた。これを理解しているのはロシアと、ウクライナ軍を裏から支援してきたアメリカだ。

そこで北朝鮮のドローン部隊が38度線を越えて韓国に〝ちょっかい〟を出す。あるいは日本海領域で日本国籍の船舶をドローンで攻撃する――そんな軍事的挑発が続出すれば自衛隊は米軍が構築した「対ドローン戦術」用の米製兵器を大量に購入せざるをえない。

しかも防衛予算を倍増させている日本はトランプにとって、まさに「太客《ふときゃく》」だ。元ロケットマンを「米製兵器のセールスマン」として働かせる気は満々だろう。

とはいえ、自主防衛能力が高まることは日本にとって悪くはない。アジア圏における国際プレゼンス（影響力）が高まるからである。たとえ中国を筆頭にアジアの周辺国が「日本の軍国化」に反発しようとも、「太客」へのアフターサービスとしてトランプが日本擁護に回ることが期待できる。日本の保守層が悲願としてきたアメリカ従属から脱却できるきっかけをトランプは与えてくれようとしている、と言い換えていい。

トランプは経営者とあって、この手のウィン・ウィン（利害調整）が抜群にうまい。平然と日本を含めた他国に損を押しつけてきたバイデン政権や、これまでのディープ・ステート系の米大統領よりはるかにマシな存在なのである。

台湾企業の生産工場を米国に誘致するため
トランプは「台湾有事」の危機を演出

〝可能性ゼロ〟の台湾有事を国内の製造業と雇用の強化に利用するトランプ

台湾有事はあり得ないという各国専門家たちの一致した意見

台湾への武力侵攻は行わないとされる習近平

大陸国家の中国は歴史上、渡海しての戦争の経験がほとんどない。軍事侵攻を避けたい思惑の習近平は、戦闘機やドローンを台湾領域に接近させるといった軍事威圧や挑発に留まると思われる

台湾有事に向けた準備をまったく行っていない日本

第2次トランプ政権で「台湾有事」の懸念は強まるのか、それとも払拭されるのか。

まず前提として台湾有事（台湾海峡周辺での中国の軍事行動）、それ自体が絵空事なのだ。２０２４年5月にも「中国が台湾侵攻するために対岸の福建省に軍を大規模移動させている」といった一部報道が拡散したが、基本的にはあり得ないというのが各国の軍事専門家たちの一致した意見なのだ。

その証拠に日本政府は、中国脅威論を振り撒き、安保3文書で防衛費を倍増させながら、台湾有事に向けた準備をまったく行っていないことがわかっている。台湾有事が起こった場合、日本の貿易の命綱ともいうべき南シナ海のシーレーンが麻痺する。この海域の海上保険が大暴騰するに伴い、輸送船が一時的に運航できなくなると想定されているためだ。これに最も影響を受けるのが生活必需品の多くを本土との海上輸送に依存している沖縄八重山諸島群。日本政府が台湾有事を想定しているならば、当然、生活必需品の備蓄を増やす必要があるが、沖縄の備蓄は本土同様、1週間レベル。「災害時の緊急対応量」のままで「有事対応」になっていないのだ。

そもそも論でいえば、台湾有事の火を煽ってきたのは「台湾」側だとご存じだろうか。「一つの中国」を唱えてきたのは、国共内戦で敗北し、台湾へと逃げてきた蒋介石率いる国民党勢力。台湾側のこの勢力が中国本土の所有権は自分たちにあるという主張を取り下げない以上、中国共産党政権は「台湾にいる反政府集団（国民党）に対処する」という大義

取材・文●西本頑司

国連軍＝米軍が国民党に現地の統治を“委託”したのが台湾政府

「一つの中国」を唱え続けてきた蒋介石率いる国民党勢力

2024年4月、台湾「国民党」の馬英九元台湾総統と習近平が北京で会談。国民党と中国の良好な関係をアピールした

国民党とその支持層は、自分たちを「台湾系中国人」と位置づけている。さんざん国際社会で侮られてきた分、国家になるなら「強い中国」一択で、大国の気分を存分に味わいたいと考えているとされる

名分を得る。さらにやっかいなのが、現在まで台湾領の帰属が確定していない点にある。

第二次世界大戦の結果、日本は台湾領を国連軍＝米軍に領有権を移管した。その国連軍＝米軍が国民党に現地の統治を〝委託〟したのが台湾政府であり、この状態がいまだに続いているのだ。国際法上、現在の台湾政府は「亡命政権」であり、正式な「国家」としては扱うわけにはいかないことが理解できるだろう。

現在の台湾は、旧オーナー（日本）から接収したアパート（台湾）を新オーナー（米軍）が雇った管理人（台湾政府）だと思えばわかりやすい。管理人がアパートの所有権を正式に取得すれば「国家」となり、またオーナー側（日米）もそうするよう求めてきた。実際、ドイツや朝鮮半島では、分断された支配地の現地政府が所有権を確定させて、それを東西両陣営が「承認」することで国家となった。なにより中国共産党政権に関していえば、中国本土は共産党政権に所有権があるとして西側諸国も「承認」してきた。

ところが台湾では、管理人側（国民党政府）が「超豪邸（中国本土）のオーナーに復帰する」ことを諦めず、台湾のオーナー化（国家化）を拒絶してきた。中国が国連に加盟しながら、台湾が加盟できず「地域」扱いなのは、そのためなのだ。

中国と台湾の有事は国際法上は「内戦」

トランプはいうまでもなく不動産ビジネスのプロフェッショナルである。当然、台湾問題の本質を理解している。また、イーロン・マスクが「台湾は中国の特別自治区になるべき」と発言した理由も、「独立できたのに、それをしなかった台湾の自業自得」という経営者の視点からとみられる。

いずれにせよ、国家である中国と、非国家である台湾で有事が発生した場合、国際法上は「内戦」として扱わざるを得なく、またアメリカやNATOは非国家の台湾と正式な軍事条約が締結できない。つまり台湾有事で西側が軍事介入や軍事支援をすれば中国への内政干渉となり、宣戦布告となりかねない。たとえ中国が台湾に侵攻したとしても、ウクライナとは違って西側諸国は「何もできない」のだ（唯一の解決策は台湾の帰属を日本に戻すことだといわれている）。

「独立できたのに、それをしなかった台湾の自業自得」という視点

2024年3月の台湾総統選では独立派の民進党・頼清徳が勝利した
台湾が本気で独立をする気ならば、冷戦が終結した1990年直後がラストチャンスだった。事実、それ以降、西側諸国は日本を含めて台湾を「国家」として扱わなくなった。「今さらもう遅い」が西側の一致した意見なのだ

現在の台湾政府は「独立派」の民進党政権が続いているとはいえ、「一つの中国となって経済力で中国本土を乗っ取る」という国民党の支持率は4割前後ある。「台湾人」ではなく「中国人」と考えている人間が、いまだに半数近くいる以上、軍事侵攻を選択する可能性はゼロに近いとわかる。中国政府にすれば、台湾政府が「独立の手続き」をしないよう圧力をかけ、妨害するだけでいいからだ。

　こうした台湾情勢について理解すれば、トランプが何をするのかも見えてくる。

　第2次トランプ政権は、間違いなく「アメリカの復活」を目指すはずだ。トランプがツイッターで何度も呟いてきた「グレート・アメリカ・メイク・アゲイン（偉大なアメリカに戻ろう）」である。このグレート・アメリカとは、第二次世界大戦前、世界一の経済的繁栄を誇り、世界一のアメリカ製品を世界一生産する「世界の工場」で誰もが働き、かつアメリカ独自の大衆文化が花開いた「アメリカ黄金時代（ゴールデン・トゥエンティ）」のことだろう。そのために利用できるものは、何でも利用する。これがトランプが米大統領に返り咲いたアメリカの国策となると予想できるのだ。

　当然、台湾有事も「おいしくいただく」こととなる。いただかれるのは、2000年代にかけて世界有数の企業に育った「台湾企業」である。

世界トップシェアを持つ製造業がひしめく台湾

　世界一の半導体メーカーとなったTSMC、スマホやPCといった家電分野で世界企業となった鴻海《ホンハイ》（フォックスコン）、他にも台湾には知名度こそ低いが、世界トップシェアを持つ製造業がひしめいている。

　台湾企業は、台湾が「国家」でなかったために、西側とくに日本企業からの「委託生産（ファウンドリー）」に特化してきた。中国や韓国の企業は日本企業との業務提携後、国家の後ろ盾を利用して、いわゆる「パクリ商品」で商売をしてきたが、これは中国と韓国が「国家」であり、国際的な商取引に対する政治力（ゴリ押し）が高かったことで可能だった。

　しかし国際政治力がバックにない台湾企業はやりたくてもできなかった。そのため日本企業や欧米企業が発注する部品製造や最終組み立てを真面目にコツコツやり続けるしかな

アメリカに誘致した台湾企業の工場で米国内の貧困層を大量に雇用

台湾企業の台湾脱出を目的に中国の台湾への軍事侵攻を演出

トランプが狙う台湾のTSMC

TSMCはすでに米国内に工場を持つが、トランプはさらに米国内の生産工場を増やすように圧力をかけるはずだ

台湾有事さえ米国内の雇用改善に利用するトランプ

高い生産ノウハウと、西側基準の企業ガバナンスがありながら、中国の軍事圧力に怯える台湾企業は、トランプにすれば工場誘致の最優先ターゲットだろう

トランプが狙う台湾の鴻海（フォックスコン）

巨大工場の運営ノウハウは鴻海しか持っていない以上、アメリカへその誘致には強引な手段を使う可能性がある

かった。

こうした長年の蓄積の結果、気がつけば台湾企業は、極めて優秀な製造能力を持つようになった。生産工場の設計・建設、委託受注量の変動に応じて即座に対応する工場運営といった「生産技術」で台湾企業の持つ能力は世界一となったのだ。

これら台湾企業を米国内に誘致すれば、即座に「世界一の生産工場」が生まれ、「世界一の米国産高級商品商材」がいくらでもつくれて、しかも世界中でバカ売れする可能性が高い。

英語のできない移民や高度な教育を受けていない米国内の貧困層は、現在の米経済の主力である金融サービス業やITビジネスでは雇用できない。しかし、極めて優秀な生産ノウハウを持つ台湾企業の生産工場では、これらを雇うことができる。実際、鴻海の中国本土の生産拠点では中国の農民工たちを雇いながら世界一のスマホ生産能力を維持している。

ならばアメリカ版フォックスコンを台湾企業につくらせて、移民や貧困層を大量雇用させればいい。ドナルド・トランプならそう考えよう。

そのためにはどうするか？　トランプは台湾有事を煽る。「中国がすぐにでも台湾へ軍事侵攻する」と軍事緊張を高めていけば、台湾企業は台湾から脱出せざるを得ない。そこでトランプが「世界で最も安全なアメリカへようこそ」と笑顔で出迎えるというプランである。

このトランププラン、それだけでは終わらない。在米台湾企業がアメリカ人を雇用して生産した半導体チップなどの高性能なハイテク部品は、おそらく中国とロシアに惜しみなく売りつけると目される。バイデン政権で中露を締め出した西側ハイテク部材を両国に供給し、その裏取引として習近平とプーチンに台湾有事と極東有事の〝出来レース〟を演出させる可能性は高い。

まさに「ビジネスマン大統領」ならではの新国家戦略ではないか。

「円安是正」「インフレ沈静下」をもたらす
トランプ〝新〟大統領は日本の「福の神」に

トランプの米国内への生産工場「大量誘致」で大いに潤う日本の主力製造業

バイデン政権下で日本経済は二流国への転落が加速

2024年4月に行われた岸田首相とバイデンの日米首脳会談

この訪米で「異例の国賓待遇」という接待に喜んだ岸田はさらなる売国を行うことに。訪米後、国内では、円安による貿易黒字がグーグルなどの米系ITテックへの年間10兆円規模のコンテンツ使用料で相殺されている現状を、バイデンに訴えってほしかったという声が多く上がった

経済発展に不可欠な日本の国際競争力の喪失

第2次トランプ政権が実現すれば、「日本」はどんな影響を受けるのか。答えを述べるとすれば「これ以上、悪くならない」。つまり「努力すれば、ちゃんと上向きになる」という希望が出てくるのだ。

逆にいえば、これまでのディープ・ステート系の米大統領では希望がゼロだった。あるのは「何をしても無駄」という絶望のみ。その証拠に、２０１０年代以降、日本の経済力と国富はものすごい勢いで落ち込んだ。前回のトランプ政権時代はインバウンドの成功で持ち直していたように、希望はあった（コロナ禍で大失速）。

とくに２０２１年にスタートしたバイデン政権下の日本経済は、「二流国に転落した」といわれるほど底が抜けたように落ち込んでいった。

これは数々の経済データが証明している。平均年収はＯＥＣＤ（経済協力開発機構）の平均値５１６７ドルを大幅に下回る３６７１ドル。しかも、この30年間、ほぼ横ばい。２０００年には世界トップだった１人当たりの名目ＧＤＰも27位まで落ち込んだ（２０２１年度ＩＭＦ調査では３９３０ドル）。２０２４年度には、ＧＤＰランキングでドイツに抜かれ、４位に転落した。

なにより深刻なのが、経済発展に不可欠な国際競争力の喪失だ。２０２２年度は、ついに過去最低となる主要国63カ国の半分以下の34位まで下落。日本一の企業であるトヨタですら時価総額で見れば世界52位（２０２３年調査）にすぎなくなった。

唯一、まともな経済データが４万円代を記録した平均株価。しかしこれらは一部の富裕層や外国の投資家

取材・文●西本頑司

トランプはディープ・ステートの首輪をつけていない〃野良犬大統領〃

日本の「一億総貧困化」を生み出してきたディープ・ステートの“飼い犬大統領”たち

“飼い犬大統領”だったオバマ
アメリカのバブル崩壊だった「リーマンショック」のツケを日本に押しつけてきたオバマ

日本を救う“野良犬大統領”トランプ
トランプはいい意味で「日本に興味がない」という点で歴代米大統領のなかでは異例な存在だ

（トレーダー）が持つ数値であって日本人の「豊かさ」を示すものではない。庶民の豊かさでいうならば、税金・社会保障費の国民負担が重要となるが、こちらは、右肩上がりが続く。2021年度はついに48％。ネットで「五公五民の江戸時代か！」と怒りの声が渦巻くのも無理もない。

低賃金で〝こき使っていた〟アジア諸国の外国人実習生も日本を避け（ジャパン・パッシング）、逆に海外に「出稼ぎ」する日本の若者たちが激増。風俗で働く日本人女性たちも北米や中国、アジアへの出稼ぎが常態化している。これらはすべてバイデン政権下で起こった。

この「一億総貧困化」の状況を生み出してきたのが、民主党・共和党にかかわらず、ディープ・ステートにがっちり首輪をはめられてきた「飼い犬大統領」たちの存在があった。

「有色人種である日本人からは、好きなだけ奪い取ってやれ」「日本人は生かさぬよう殺さぬよう」「ゴマと日本は絞れば絞るほどいい」と、徹底して国富を吸い上げられてきたのが、1990年代から2024年現在までの日本の実情となる。

その唯一の例外がディープ・ステートの首輪をつけていない〝野良犬大統領〟のトランプだった。2020年の大統領選にトランプが勝利し、2期目に突入していれば、日本経済はここまで落ち込むことはなかっただろう。もちろん世界経済はもっと上向きとなっていたはずだ。

なぜならトランプの経済政策は、「米国内の製造業復活に協力するなら、米政府として過剰な干渉はしない」で一貫しているからである。その点でいえば日本はどこの国よりもすでに協力している。日本はトランプ政権の「優等生」なのだから。

生産工場の新設・増設に欠かせない日本の主力製造業

前政権時代、トランプは日本国内でアメリカ車が売れないことを受け、「軽規格車は非関税障壁だ、撤廃しろ」と要求したことがあった。しかし、日本の官僚から「米国内で軽規格車をつくれば、軽の減税処理は日本車同様、受けられますよ」と説明を受け、すぐに撤回した。第2次政権でトランプは在米日本車メーカーに「軽規格の右ハンドル仕様車」を逆輸出するといった対日経済政策を展開し、「日本人が欲しがる商品

トランプ〝新〟大統領の誕生で期待される国際競争力と国内景気の劇的回復

大統領時代のトランプとタフな〝ディール〟を続けた安倍晋三元首相

トランプの要求する無理難題を、根気強い説明で無難に着地させていた安倍元首相。性格的にもウマが合っていたという

日本の異常な円安はバイデン政権の要求を丸飲みし続けた結果

現在の円安が問題なのは「円弱」となっている点だ。ドルだけでなくユーロやウォンなどに対しても弱くなり、一人負けが続いている。これは西側が抱える問題のしわ寄せがすべて日本に向かうシステムになっている証拠とされる

円安の背景にあるバイデン政権の過剰な「CO_2削減」と「脱炭素社会」

（iPhoneなど）をアメリカ工場でつくって日本に輸出する」ケースは増えていくと予想できる。

これも日本にとって悪い話ではない。現在、日本の製造業の主力は、製造機械（マザーマシン）、産業用ロボット、特殊な中間部材（ボールベアリングなど）となっている。この手の製造業は、設備投資、つまり生産工場の新設やラインの増設・改修で売り上げを伸ばす。トランプ政権が米国内に大量の生産工場を誘致すれば、その需要に引っ張られて日本の主力製造業もまた、大いに潤うのだ。

それ以上にトランプの対日経済政策で「好都合」なのは、ここ数年の「円安」に歯止めがかかる点だ。

160円台という日本の実体経済にそぐわない急激な円安の背景には、バイデン政権が推しめてきた「グリーン政策」「脱炭素社会」がある。CO_2削減をお題目にして石炭火力発電に規制が入るなか、同時にウクライナ侵攻の影響で欧州を中心にロシア産のエネルギー資源の供給が止まったことでLPGや石油資源の争奪戦が発生。エネルギー資源確保のために大量の円を売り、エネルギー購入決算に必要な大量のドルを買うようになったのが主要因といわれている。

トランプは、前政権時にもCO_2削減の国際間の取り決めだった「パリ議定書」から平然と離脱したように、無意味なCO_2削減や脱炭素社会を否定している。このトランプの基本政策により、エネルギー資源の確保が容易となり、円安傾向はにぶるとみられる。

しかもトランプは2024年の米大統領選中、「過度な円安は間違っている」と急激な円安に強い懸念を示してきた。円安は日本の国内企業に輸出ドライブがかかるため、米政府として是正に動く可能性が高く、円は「120円台」水準に戻る、と予想されている。

120円台から110円台が、日本にとって「経済が安定して景気が回復しやすい」とされている。150円水準ではたしかに輸出企業が莫大な利益を出す。しかし日本社会は生活必需品やエネルギー資源、生産用資源（鉄鉱石やレアメタルなど）を輸入依存している。過剰な円安は、これら輸入品を高騰させるため、円安でコスト高となった国内製造の商品がいくら売れても利益率が下がってしまうのだ。

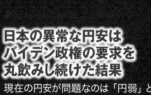

「おいしそうなプロジェクト」をトランプ抜きで進めるのは不可能

100兆円規模となる日英伊で進める次期戦闘機開発プロジェクト「GCAP」

F-2戦闘機を開発した三菱重工の設計能力への評価は高く、これに戦闘機製造と輸出で実績のあるイギリス、戦闘プログラムといったアビオニクス（航空機用電子機器）で定評のあるイタリアが加わり、第6世代戦闘機ではトップランナーとなった。この新型機の配備予定は2040年で、三菱重工が「ゼロ戦」を配備した100年後となる

しかし、トランプ〝新〟大統領の誕生で１２０円水準に戻れば、国際競争力と国内景気が劇的に回復するのみならず、輸入品とエネルギー代が下がり、現在のインフレも沈静化するだろう。

アメリカ抜きで進む次期戦闘機開発プロジェクト

ここまで第2次トランプ政権のプラス面を述べてきたが、やっかいな事案となりそうなのが、２０２４年秋から本格稼働する次期戦闘機開発プロジェクト「ＧＣＡＰ（グローバル戦闘航空プログラム）」だ。現在のＦ２戦闘機の代替機だが、計画が二転三転しながら２０２２年、三菱重工を中心とした日本企業と、イギリスとイタリア企業との共同開発が始まった。

この日本主導の次期新型戦闘機（第6世代）は、現時点で「西側諸国のベストセラー主力戦闘機になりえる」ときわめて評判がいい。Ｆ２の開発で世界屈指の戦闘機開発能力を発揮した三菱重工だが、他国への武器輸出の実績と実戦の経験がないという致命的な欠陥があった。その弱点を「世界の武器商人」と「戦争好き」でならしたイギリスとイタリアが補う。世界一の富豪とされるサウジアラビアのムハンマド皇太子が「成功する可能性は非常に高い」「お金はいくらでも出すから参加したい」と、サウジを訪問していた岸田文雄首相（２０２３年７月）に直談判したほど、各国の軍当局から注目が集まっている。

しかし、西側標準機計画という世界で１００兆円を軽く超える「おいしそうなプロジェクト」に対してトランプが黙っているわけはなく、米国内で生産しろとゴネてくるのは間違いない。

とはいえ日本の製造分は自衛隊向けで他国への輸出はしない。他国への輸出を担当するイギリスとイタリアがトランプと揉めた際、米国内での製造分の枠を日本が便宜すれば、トランプの日本への覚えもめでたく、また米国製造分のロイヤリティも日本企業に入ってくるのだから、悪い話ではない。

いずれにせよ、円安の是正とインフレの沈静下が期待できるトランプの存在は、日本人と日本政府にとって「福の神」になると予測されている。

第二章

『もしトラ』で暴かれる世界支配の大謀略

イーロン・マスクすら「小童」扱いする“陰謀のプロフェッショナル”ビル・ゲイツ

数々の陰謀の成功で上り詰めた「ディープ・ステート最強」の地位

ディープ・ステートの世界支配を支えたビル・ゲイツの存在

世界クラスの新旧イノベーターの代表格、マスクとゲイツ

表向きの評価では1980年代から2000年までがゲイツ、それ以降をマスクが世界を“革新”してきたとされているが、両者の実力には大きな隔たりがあるという分析もある

米国民に不人気のビル・ゲイツ 大人気のイーロン・マスク

２０２４年の米大統領選は、「ディープ・ステートが支配してきたアメリカをアメリカ人の手に取り戻す戦い」といっていい。実はこの戦いはビジネス界でも続いていた。

イーロン・マスクとビル・ゲイツの新旧イノベーターの争いである。

イーロン・マスクは派手な言動と民間ロケット事業や電気自動車など野心的なビジネス展開で米国民からトランプ同様、圧倒的な人気を得ている。一方のビル・ゲイツといえば、典型的な「ギーグ（オタクの意味）」でアメリカ人が喜びそうな派手な言動を取らない。「世界ナンバー１の成功者」でありながら、なぜかその人気は低い。

しかし、21世紀以降、ディープ・ステートが圧倒的な力でアメリカと世界を支配してきた背景には、このビル・ゲイツの存在があった。まさに「ディープ・ステート最強の人物」、いや「ダースベーダーか」と言いたくなるほど暗躍していた。

あらためて世界最大のＩＴ企業「マイクロソフト」の創業者、ビル・ゲイツが行ってきたとされる「悪の偉業」を検証していこう。

１９８０年代のコンピューター黎明期、技術力と生産力は日本メーカー（ＮＥＣや東芝ほか）が圧倒していた。しかし、零細ベンチャーにすぎなかったマイクロソフトはいち早く「ＯＳ（オペレーション・システム）」を押さえることで、逆に巨人（日本メーカー）の下請け化を成し遂げた。さらに日本製ＯＳ「トロン」を米政府の圧力で潰していく手練手管ぶりは、あの風貌から想像できないほど悪辣で容赦がなかった。

ディープ・ステートの陰謀を実行

取材・文●西本頑司

マイクロソフトはOSを押さえることで日本メーカーの下請け化に成功

ソフトの標準化でビル・ゲイツは「インターネットの支配者」に

マイクロソフト創業からゲイツは謀略のトップランナーとして邁進か

すべてのソフトを動かす統一OSとして「MSDOS」をつくり、これを世界標準にした政治力はずば抜けていた

世界が驚いたゲイツのマイクロソフトCEO退任とワクチン慈善活動への転進

アジア・アフリカの貧困層への寄付などに無関心だったビル・ゲイルが、突如、ワクチン接種の慈善活動をすれば「何か目的があるのでは?」と疑われるのも当然だった

する形でマイクロソフトは世界中で使うPCのOSを押さえた。さらにマイクロソフトのつくるソフトを「グローバルスタンダード」へと仕立てる。実際、表計算ソフト（エクセル）や文書ソフト（ワード）は企業・国家問わず世界基準となっている。マイクロソフトが世界全体のPCを標準化した以上、ビル・ゲイツは「インターネットの支配者」としてIT業界で強権を握ってきた。そもそもマイクロソフトは、独占禁止法違反の対象として2000年前後には事業別に分割されなければおかしかった。

　では、なぜ見過ごされているのか。この時点でビル・ゲイツが、ディープ・ステートの世界支配にとって不可欠な存在となっていたからであろう。

のめり込んだワクチンビジネスの「陰謀」

　インターネットの支配者となったビル・ゲイツの次なる陰謀は、ワクチンビジネスだった。2008年、経営から身を引いたビル・ゲイツは、自らの財団（ビル&メリンダ・ゲイツ財団）でアフリカやアジアなどの貧しい子供たちへのワクチン接種の慈善活動へとのめり込んでいく。なぜワクチンの無償接種だったのか、もちろん理由があった。

　医薬品メーカーは、基本的に予防接種などの分野では需要が確定している「定量」をベースにワクチンを製造する。有効期間が短く廃棄量（損）を減らすためだ。また突発的な感染症の対応向けに各社は「余剰ライン」を設けている。こちらは政府から補助金が出るとはいえ、企業側にすればうま味は少ない。ワクチン製造は生産量と需要（販売）の一致が難しいのだ。

　このズレに目をつけたビル・ゲイツと、そのパートナーである有名投資家のウォーレン・バフェットは、マイクロソフトで得た莫大な資金力を誇る財団を通じて、医薬品メーカーが不良在庫として抱えていた「余剰生産ライン」のワクチンを買いまくった。メーカー側にすれば、言い値で余剰ラインのワクチンを買ってくれる大切なお得意様となる。各メーカーが慈善事業を建前に、ビル・ゲイツの財団に「余剰ライン」の優先使用権を与えてきたとしても不思議はない。

　財団がワクチン製造の「余剰ライン」をすべて押さえている状況で、

ワクチンが欲しければ、ビル・ゲイツの命令に従うしかなくなる状況に

ゲイツの"ビジネス"パートナー ウォーレン・バフェット

莫大な資金力を誇る財団と世界一の大富豪のポケットマネーをバフェットは自由に運用。「稀代の投資家」の異名を得た

ビル&メリンダ・ゲイツ財団では夫婦で活動

途上国では無料ワクチン接種の予算があるなら「食糧や通常の医薬品、浄水装置を寄付してほしい」という声が大きかった

"予定どおり"起こった新型コロナの感染爆発

もし世界規模のパンデミックフルー（感染爆発）が起こればどうなるのか？

各メーカーのメインの製造ラインは、基本的に通常の予防接種用で埋まっている。少なくとも感染爆発の初期段階では、新規感染向けの新型ワクチン製造は、この余剰ラインがメインとなる。となればどうなるのか？

ワクチンが欲しければ、各国政府、医療機関、すべてビル・ゲイツの命令に従うしかなくなる。新規製造分の割り当ての決定権をビル・ゲイツが握っている以上、これで得る権益はすさまじいこととなる。

そして２０２０年、新型コロナの感染爆発が〝予定どおり〟起こった。莫大な資金を得てひと仕事を終えたビル・ゲイツは、休む間もなく次なる〝陰謀〟へと向かう。

それが「ＡＩ」である。

次なる陰謀の準備のために表舞台から消えたゲイツ

新型コロナの感染爆発の結果、怪しさにあふれていたビル・ゲイツは、全米最高の成功者でありながら、ウイルスをばら撒いた「犯人」として米国民から名指しで批判されるようになった。

しかも２０２１年5月、財団のパートナーだったメリンダ夫人が「（組織的な児童買春事件を起こした）ジェフリー・エプスタインとの関係」を理由に離婚。児童性愛と虐待に厳しい欧米諸国では、これが発覚すれば一発で社会的に「死亡」する。これで「終わった」と思いきや、実はそれは「死んだふり」だった。

その証拠に「役目は終わった」のは財団のほうだった。パートナーのウォーレン・バフェットは２０２１年に財団から手を引き、財団自体、これ以降、ワクチン接種事業から撤退する。

メリンダ夫人との離婚は、スムーズにワクチンビジネスという陰謀から、次なる陰謀ビジネスの下準備をするためのもので、ビル・ゲイツはあえて表舞台から消えていたのだ。

事実、消えたはずのビル・ゲイツは、すぐに表舞台へと返り咲く。

２０２２年11月、生成ＡＩであるチャットＧＰＴを世に送り出し、空前のＡＩブームを巻き起こした「オープンＡＩ」。その大株主がマイクロソフトだった。

株式を取得し、マイクロソフトの検索エンジンにチャットＧＰＴのテ

ビル・ゲイツ〃最後の目標〃は人間の行動を管理するＡＩの開発

オープンAI社の創業メンバーのイーロン・マスクを追放

創業者のマスクを追放したオープンAIのサム・アルトマンCEO

産業用AIは、自動操縦、産業用ロボット、ドローン管制などあらゆる方面での活用が期待でき、先行開発すれば莫大な利益を生む。オープンAIはそれを捨て、あえて「カネにならない」チャットGPTを開発した

スト版を「ＢｉｎｇＡＩ」として無料公開しているのは、ビル・ゲイツの強い意向があったはずだ。

もともとオープンＡＩ社は、イーロン・マスクが２０１５年に創業して研究費を出していた。それが２０１８年にマスクを追放したサム・アルトマンが経営権を掌握する。その背景には産業用ＡＩ開発にこだわるマスクと生成ＡＩ＝対人向け（チャットボット）のＡＩ開発を主導していたアルトマンの路線対立があった。

研究費を出していたマスクを切れたのは、当然、別の資金の当てができたからだ。そうであるなら、「カネは出してやるからマスクを追い出して対人向けＡＩをつくれ」と命じたのはビル・ゲイツとなるだろう。

対人ＡＩの開発では、より多くの人にＡＩを自由気ままになんにでも使わせ、そこで得た膨大なデータをＡＩに学習させていく。本格的な対人用ＡＩを開発するには、まずタダ同然で高性能なＡＩを大量にばら撒き、膨大なデータを取得する必要があるのだ。初期投資に莫大なコストがかかるため利益を出しにくい。つまり、気前のいいスポンサーがいなければ開発はできないし、成功もしないのだ。

チャットＧＰＴ（ＢｉｎｇＡＩ）の利用者が増えていくにともないマイクロソフトのメインサーバーには、ＡＩ利用者の膨大な個人データが自動的に集まっている。このビッグデータを使い、マザーＡＩは人間の行動・思考のパターンを学習していく。いずれは人間の行動を管理できるＡＩへと進化していくだろう。

人間の行動を管理できるまで進化させた「対人用ＡＩ」の開発とバージョンアップには、何十兆円レベルの資金がいる。ビル・ゲイツは、数々の陰謀実現のための資金を得るため、まずマイクロソフトをつくり、次に財団をつくった。そして人間の管理ツール「ＡＩ」を世界中にばら撒くことを最終目的に、数々の陰謀を実行するなかでディープ・ステートにおける影響力を高めていった。

そんな手練れのビル・ゲイツにとっては、米国民から抜群の人気を得ているイーロン・マスクといえど、「小童」でしかないのだろう。

「SDGs」を絶対的正義として押しつけるディープ・ステートの世界奴隷化システム

批判すら許さない狂った「SDGs教」の破壊を期待されるトランプ

「言いたいことも言えない世の中」に仕立てたのが「SDGs」

ハンバーガーを心底愛するトランプは「反リベラル」の象徴に

国民食を「好きだ」というだけで、いまや反リベラルのレッテルが貼られる異常な時代となった。それでも平然とハンバーガー好きを公言するトランプに国民からの人気は高まった

「異常な価値観」を常識にするSDGs

4年ぶり3度目の米大統領選が迫るトランプ。皮肉にも2000年以降、過激化していったリベラル層＝民主党勢力（ディープ・ステート）が仕掛けた「社会改変」の陰謀によって、トランプの支持は広がり、米大統領選に向かって躍進を続ける。

2021年以降、明確に「社会改変」が起こった。たとえば、日本でも当たり前となったレジ袋の有料化。だが、少し考えれば大量のプラスチック包装の商品をエコバッグに詰め込んだところでCO_2削減や環境負荷の軽減に繋がるとは思えない。なぜ、これが「正しい」として当たり前になっているのか。

性的マイノリティの権利もそうだ。「心が女性」だからと肉体的には男性の選手が平然と女性のスポーツ大会に出場し、無双しようが、誰も文句を言えなくなった。

そもそも世界屈指の石油やシェールガスを産出し、巨大なエネルギーメジャーを持つアメリカが「化石燃料のゼロミッション」を国家政策にすることが、なぜ「正義」となるのか。バーベキューと分厚いステーキ、ハンバーガーが国民食といっていいアメリカで、なぜ「肉食は悪」「畜産は動物虐待」とする過激なビーガンが「正義」のように扱われるのか。

第1次トランプ政権の末期以降、こうした「異常な価値観」が常識となり、「おかしい」とすら口に出せなくなっている。有名人が公言すればメディアで叩かれ、SNSでは一般国民も大炎上し袋叩きの目に遭う。2000年以前ならごく普通の意見ですら、現在では当たり前のように断罪されるのだ。

そんな「言いたいことも言えない

取材・文●西本頑司

「きれいごと」の羅列で反対しにくい SDGsの定める17項目

気候変動問題を協議する「COP27」で脱炭素社会の実現を訴えるバイデン
世界最大級の産油国で世界各地に石油権益を持つ国の大統領が、国益に反する主張を続ける。本来の米大統領は「反脱炭素社会」を主張する立場となる

狂信者を生み出す「SDGs」の17項目
●貧困をなくそう●飢餓をゼロに●すべての人に健康と福祉を●質の高い教育をみんなに●ジェンダー平等を実現しよう●安全な水とトイレを世界中に●エネルギーをみんなに、そしてクリーンに（脱炭素社会の実現）●働きがいも経済成長も（持続可能な経済政策）●産業と技術革新の基盤をつくろう●人や国の不平等をなくそう（国内国外の格差是正）●住み続けられる街づくりを ●つくる責任つかう責任●気候変動に具体的な対策を●海の豊かさを守ろう●陸の豊かさも守ろう●平和と公正をすべての人に（持続可能な開発のための国際間司法の確立）●パートナーシップで目標を達成しよう（持続可能な開発のための具体的な実施手段をとしてグローバル・パートナーシップで国際的な協力体制と相互監視体制の確立）

世の中」に仕立てたのが、「SDGs（Sustainable Development Goals）」の過剰なブームだ。「持続可能な開発目標」と訳され、もともとは、新たなミレニアムに向けて国連で2000年に議決された「ミレニアム開発目標」を、より実現可能とすべく2015年の国連総会であらためて採択されたものだ。

SDGsの定める17項目は「きれいごと」の羅列ゆえに反対しにくい。しかも努力目標であって条約や協定といった法的な縛りもない。

事実、当初は政府や各自治体、グローバルに活躍する大企業などは「対外的なポーズ」として取り組む程度で、社会への影響と知名度は低かった。しかも2017年に米大統領に就任したトランプは、リベラル嫌いであり、基本的に「SDGs無視」を決め込んでいたぐらいだ。

SDGsが大暴走した「ジョージ・フロイト事件」

それがトランプ政権末期の2020年、このSDGsが大暴走する。同年5月25日に発生した「ジョージ・フロイト事件」である。

これは黒人男性が白人警察官の不適切な拘束によって死亡した事件だが、これが「反人種差別デモ」として全米140カ所まで一気に拡大。デモは瞬く間に大規模市民暴動となり、店舗の焼き討ち、警察署の封鎖、市庁舎の占拠といった暴挙を引き起こす。これに対してトランプは断固たる態度で軍の投入と戒厳令まで布告して対処した。

このトランプの対応に対し、米メディアとリベラル派の民主党支持者の勢力が猛烈に反発。トランプは「非人道主義の野蛮人」と痛烈に批判されることになった。この時のトランプは「悪の大統領」というレッテルを貼られてしまう。

そもそも警察官による逮捕拘束時の射殺・死亡案件は全米で年間1000件前後発生する。アメリカは銃社会であり、また違法ドラッグも蔓延していることを鑑みれば、犯罪者の逮捕・拘束の際、警察官の安全のためにかなり荒っぽい手段を取らざるをえないケースもある。これは人種関係なく白人やアジア人、ヒスパニックに対しても同様で、決して黒人だけの話ではなく、逆に黒人警察が白人犯罪者を射殺し、死亡させる事件も少なくなかった。

にもかかわらず、この大暴動は「正義の行為」となった。それを非

ジョージ・フロイド事件に対するデモが暴動に発展

ジョージ・フロイドの実弟ですら「兄を正義の人のように持ち上げて、自分たちが暴れることの正当化に利用しないでくれ」と苦言を呈した。バイデン政権発足後、事件の報道がなくなったのも異例だった

大暴動が〝正義の行為〟となった「ジョージ・フロイト事件」

大暴動を非難したトランプは「悪の大統領」「非人道主義の野蛮人」「民主主義の敵」に

難したトランプは「悪の権力者」となった。なによりジョージ・フロイト事件以降、すさまじいトランプ叩きが続き、結果、米大統領選の敗北へと繋がったほどだ。

　しかも得票を改変した不正選挙の疑惑が噴出したことで、翌2021年1月6日には熱烈なトランプ支持者による連邦議会襲撃事件が発生。ここでもトランプの責任とばかりに「民主主義の敵」として叩かれ、それを理由にトランプ最大の政治ツールだったツイッターのアカウントも問答無用で凍結となった。

　気がつけばアメリカを中心に日本やEU、西側諸国において、このSDGsが「絶対的な価値観」として君臨するようになった。持続可能な社会とは、これを守らない組織や個人は「持続不可能な社会＝人類滅亡」を図る極悪人であり、SDGsを守るためなら違法行為を行ったとしても、正義の名のもとに許される。

　ジョージ・フロイト事件は、それを見事に証明してしまったのだ。

SDGsの基準を査定するリベラルコンサルティング

　では、法的な縛りもないSDGsに、どうして誰も逆らえなくなったのか？　実は、逆らえないような狡猾な「システム」がすでに構築されていたからなのだ。

　リベラルコンサルティングをご存じだろうか。企業や有名人などの活動がSDGsの基準を満たしているか、満たすにはどうするのかのアドバイスを専門とするコンサル企業や部門と思えばいい。

　たとえばハリウッドの新作映画では、脚本や出演予定俳優などの査定をリベラルコンサルティングに依頼し、そのアドバイスどおりに脚本や出演陣を修正する。これは大作のドラマやゲームも同様だ。またグローバル企業では、いまやリベラルコンサルティングの指示どおりに企業メッセや各種団体への支援や寄付を行うようになった。

　実際、NFL（アメフト）のレッドスキンズが「インディアン差別」としてワシントン・コマンダースに改名したが、これもリベラルコンサルティングの指摘を受け、球団のスポンサー企業が強く要望したからだとされている。昨今、不倫騒動や差別発言の問題を起こしたタレントや著名人が即座に番組やCMから降板するのも同じ構図といっていい。

　大企業がリベラルコンサルティン

トランプはSDGsが生み出した新奴隷を解放する「21世紀のエイブラハム・リンカーン」

バイデンの移民政策緩和で大量の移民がアメリカに流入

移民が就労できる環境を用意することなく、その受け入れを拡大し続けるバイデン政権。移民の多くは都市部へと流れ、違法ドラッグの売買や強盗、請負殺人などを行う犯罪集団を形成していった

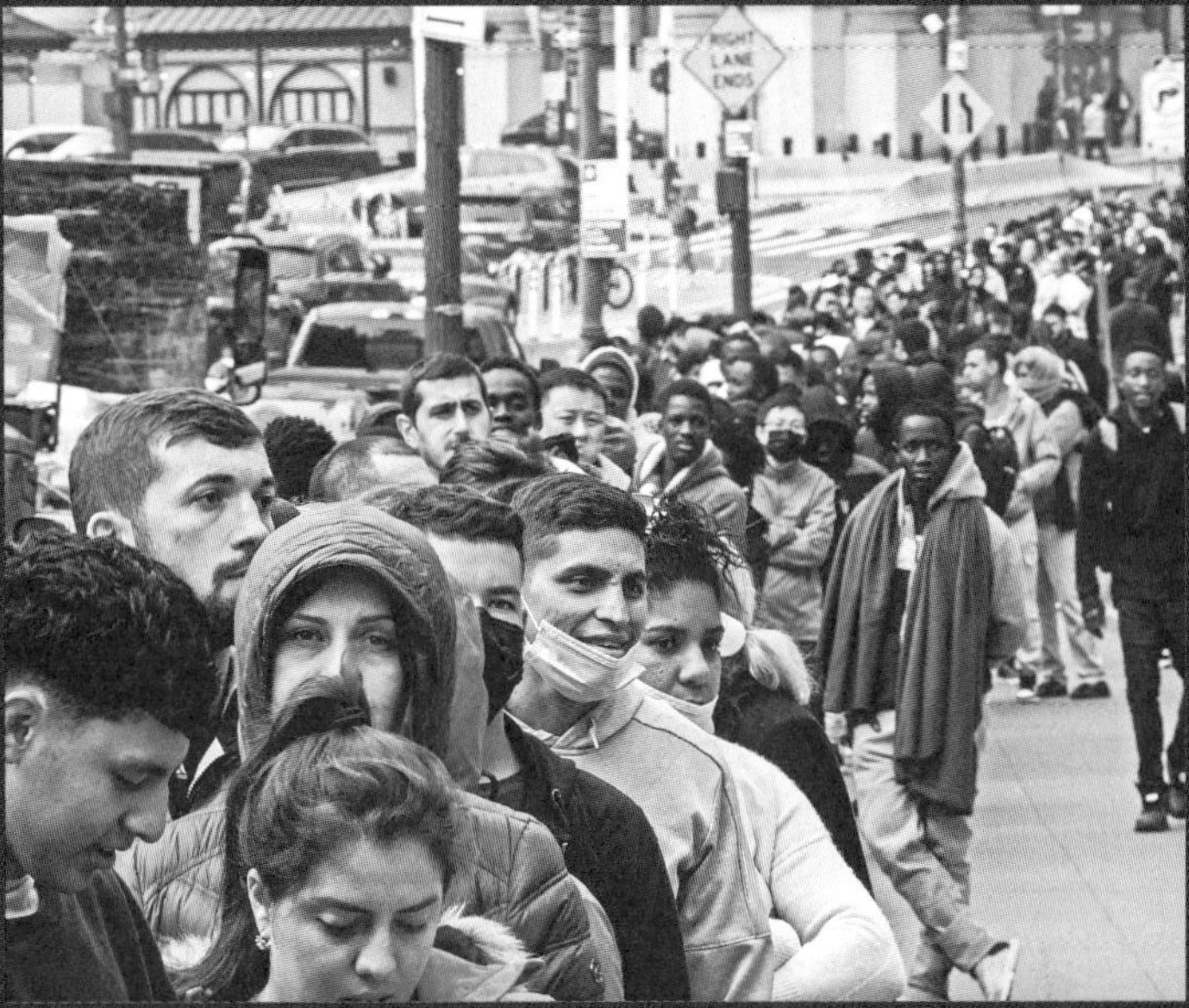

新移民とコロナ禍で発生した大量の貧困層をSDGsの狂信者に変えたバイデンの政策

グの指示に従うのには理由がある。リベラルコンサルティングが作成した「SDGs査定」が、そのまま有力な格付け会社の査定基準となるためだ。つまり企業活動においてSDGs基準を満たしていないと、格付けや金融機関の融資査定が下がって、資金調達や自社の株価に影響が出てしまうのだ。大企業がリベラルコンサルティングの〝言いなり〟になるのも当然であろう。

それだけではない。2021年に誕生したバイデン政権は、このSDGsを「絶対正義」とした政策を全面的に打ち出してきた。トランプ政権時代に規制していたメキシコやイスラム系移民の入国を緩和。この新移民たちとコロナ禍で発生した大量の貧困層を大都市圏に集め、生活を支援してきた。生活と将来に不安を抱える彼らは、バイデン政権が打ち出した「絶対正義の価値観」であるSDGsに飛びつき、社会を、世の中を、価値観をSDGs的に切り替えていく活動にのめり込んだ。そのようにバイデンが洗脳していったのだ。

こうして誕生したSDGsの狂信者たちの過激な活動を背景に、バイデン政権（ディープ・ステート）は、米社会と西側諸国を改変してきたと分析できる。

過激なリベラル活動に攻撃されるトランプ支持者

ドナルド・トランプに話を戻そう。2000年以降、SDGsをベースに加速した過激なリベラル活動は、トランプを支持する共和党と、その支持者たちを攻撃対象にしてきた。アメリカ建国以来の「白人文化」とプロテスタントに基づく「伝統的な価値観と行動基準」をSDGsの価値観と行動基準へと塗り替えようとしてきたといえる。

2020年のトランプ敗戦からわずか4年でここまで世の中が狂ったのだ。もしバイデン政権が2期目に突入すれば、アメリカは、世界は、いったいどうなるのか。

この恐怖と不安に怯えるアメリカの保守層たちは、トランプを再び大統領へと押し上げ、民主党とディープ・ステートが仕掛けてきたSDGsを叩き潰してもらいたいと願っているのだ。共和党候補ですらSDGsへの批判は口をつぐむ。トランプ以外、期待できないためにトランプにすがるしかないのだ。

SDGsの狂信者集団は、民主党を裏から支配するディープ・ステートの「新奴隷」とも言い換えられる。共和党の支持層や米保守層にとって、いまやトランプは、この新奴隷を解放する「21世紀のエイブラハム・リンカーン」なのである。

自国優先主義のトランプの政策によって衰退する国々の集まり「G7」の形骸化が加速

G7の枠組みを軽視するトランプはプーチン大統領の招待を提案

世界政府となって全世界を支配する目的でつくられた「G7」

「アメリカファースト」を掲げるトランプはG7で各国首脳と衝突

2019年のG7ではサミットへのロシア招待をめぐり、トランプはメルケル独首相（当時）やジョンソン英首相（当時）と激しく対立。日本の安倍晋三首相（当時）は非公式の場でトランプに賛意を示したという

サミットへの参加を拒否した「G8時代」のプーチン大統領

1975年のオイルショックに際し、国家の枠組みを超えた世界規模での経済運営に向けて、日本、フランス、ドイツ、アメリカ、イタリア、イギリスの6カ国による首脳会議をフランスのパリ郊外のランブイエ城で開催（ランブイエ・サミット）。翌年からはカナダも加わって、G7サミットとして定着する。なおG7とは「グループ・オブ・セブン」の略称である。

東西冷戦終結後の1998年にはロシアが招かれてG8となったが、2014年にロシアは、ウクライナにおけるマイダン革命などにアメリカが介入したと批判して、サミットへの参加を拒否。以後のサミットはG7にEU代表を加えた枠組みで行われている。

自由や民主主義、人権などの価値観を共有する先進国のトップが、世界情勢や経済情勢など地球規模の問題について意見を交換するというのがG7サミットの理念とされる。グローバル化する世界において、世界規模での経済対策や、自由と平和を担保するための共通したルールを決めていこうというのだが、これはあくまでも建前のこと。その真意は、G7が世界政府となって、全世界を支配することにある。

トランプの米大統領再登板で「G8」サミットが復活

だがサミットが始まった当初と現在では、世界の情勢が大きく変化している。

1970年代には、世界全体のGDPにおいて、G7の占める割合は60%ほどだったが、近年はおよそ40%にまでシェアを落としている。そ

取材・文●早川満

もはや世界経済をリードする存在ではなくなったG7

現在に比べて世界は平和だった「G8時代」
1998年のイギリス・バーミンガムサミットから、ロシアが正式に加わり、「G8サミット」となったが、2014年に決裂した

中国の独走を阻止する目的で G7無視の外交政策を進めるトランプ

親ロシア政策を取るトランプ
2016年の米大統領選ではロシアによる「親トランプ」工作が行われた可能性が高い

んなG7をBRICSやグローバルサウスが急追しているなか、いまだにG7が世界経済をリードするといったところで実効性に乏しい。

ビジネス感覚に長けたトランプはそのような状況をしっかり把握しており、G7に特別な期待を抱いていない。前回のトランプ政権時代の2019年、フランス・ピアリッツサミットにおいても、それまでG7各国が提唱してきた自由貿易主義に反発して、対中国をにらんだ自国の保護貿易を主張した。また世界規模での地球温暖化対策などにも賛意を見せることはなく、結局この時のサミットでは、合意文書としてわずか紙1枚の首脳宣言が出されたのみ。G7サミット史上で初めて、参加各国の首脳による共同声明の発表が見送られている。

さらにこの時、トランプはロシアのプーチン大統領をサミットへ招待することを提案している。そのためトランプが再び米大統領になった場合には、あらためてG8サミットとなることもあり得るのだ。

西側の報道ばかりを見ていると、いまだにG7のことを「世界をリードする先進大国」のように思うのかもしれない。だが人口で見ればG7は世界全体の1割程度にしかすぎず、BRICSを大きく下回る。そのうえ経済規模も4割程度となれば、とても世界の支配者とは言い難い。発展著しいBRICSやグローバルサウスと比べて、近年ではG7を「衰退する国々の集まり」と見る向きも強まっている。

そうなれば自国優先主義のトランプは、前回の米大統領在任時よりもさらにG7の枠組みを軽視するのは間違いない。そして中国を独走させないためにも、BRICSの分断を図ってアメリカ独自でロシアやインド、南米諸国などとの連携を強めていくことが予測され、それとともにG7は形骸化することになるだろう。

「日米同盟」という名の占領状態が続くなか トランプが求める日本の〝役割〟

日本の全法令と日米地位協定を超越する「日米合同委員会」での合意事項

「日米同盟」でアメリカが享受する 日本よりも大きなメリット

沖縄の在日米軍基地は対アジア戦略の最重要拠点

台湾有事が起きれば、沖縄は米軍にとって前線基地となり、戦火はまぬがれない

アジア地域へ米軍を送るための「戦略的根拠地」として日本を利用

日本とアメリカは名ばかりの同盟国

日米安保条約を軸にした「日米同盟」は、日本にとって外交と安全保障の根幹を成すものとなっている。具体的には、日本が武力攻撃された場合、アメリカは日本を守る義務を負っている。しかし、なんのメリットもなくアメリカが大事な戦力を他国のために割くわけはない。当然、力関係からいってもアメリカは日米同盟を結ぶことで日本よりも大きなメリットを得ているはずである。

そのメリットこそ「日米同盟の正体」といえるものだ。それは何かといえば、多くの人が察しているとおり、米軍をアジア地域へ送るための戦略的根拠地として日本を利用することだ。

基本的に日本はインド太平洋地域へ米軍を送るための役割を担うが、現在はとりわけ中国を牽制する意味合いが大きくなっている。

そうなると、日本は「アメリカの武力の傘に守られた安全地帯」ではなくなる。もし台湾有事が起きて中国とアメリカが衝突すれば、日本は「米軍の最重要拠点」として中国から狙われる可能性が高い。

日本が攻撃された場合は、自衛隊が防衛の中心になる。これはアメリカにとって「戦略的根拠地として利用できるうえに、防衛は勝手に日本がやってくれる」という、非常にメリットの大きい構図となる。はっきり言ってしまえば、同盟国とは名ばかりで、日本はアメリカのアジア戦略に利用されているだけともいえるだろう。

主権国家のプライドを売り渡してきた日本

さらに日本国内にもかかわらず、

取材・文●佐藤勇馬

「日米合同委員会」によって継続される　アメリカによる日本の占領政策

トランプは日米同盟の“平等性”を盾にさらなる国防費の増額を要求

トランプは米大統領選に勝利した場合、日本に対して防衛費の国内総生産（GDP）比率を2%「超」の水準までさらに積み増すことや、在日米軍への「思いやり予算」の増額を求める可能性に言及している

米軍基地の提供・返還の手続きが米軍に都合のいいものになっていたり、米軍基地や米軍において日本の法が通用しなかったり、在日米軍や軍関係者に様々な特権が与えられている。さらに、「思いやり予算（米軍駐留経費の日本側負担）」といった「アメリカ優遇」策がある。これらの制度は日米協定が平等であったら、存在しないはずのものばかりだ。

　こうしたアメリカの優遇制度の根幹となっているのが日米地位協定であり、その運用を協議するのが「日米合同委員会」だ。

　協議は月2回開かれる秘密の会合で行われるが、公的な組織なのに議事内容は完全非公開。国会議員にすら秘匿されている。

　そして日米合同委員会での合意事項は、憲法をはじめとする日本の全法令はおろか、地位協定そのものすら超越した「日米間の絶対的密約」となる。当然、強い発言権があるのはアメリカ側で、米軍に都合のいい特権の数々がここでの合意から生まれた。日米合同委員会でアメリカの顔色をうかがいながら、日本は主権国家のプライドを売り渡してきたのだ。

　かつて松本清張は、日米合同委員会を「別の形で継続された占領政策」だと評したという。そんなものが現代でも法律や国会を凌駕する存在として君臨し、アメリカによる「日本占領」状態を継続させているのである。

　トランプは日米同盟について「日本が攻撃されたらアメリカが守るが、アメリカが攻撃された時に日本は守る義務がない」という点が不平等であると公言している。これは安全保障関連法が施行されているため間違いなのだが、在日米軍基地予算の大幅な増額を求めてくるのは確実だろう。当然、それは「もしトラ」後のアメリカの最大の課題となる「対中国」を見据えてのものだ。しかし、いくら予算増で在日米軍基地が強化されても、有事になれば日本全土を守ることは不可能だ。

　いずれにしても、日本はアメリカによる「占領状態」が変わらず続いたうえで、今後、様々な意味で日米同盟による負担が大きくなっていくだろう。

トランプの米大統領再登板で高まるアメリカの「NATO」脱退の可能性

アメリカのNATO残留の条件として加盟国に要求される法外な防衛費

防衛費の少ないNATO加盟国を米軍は「守らない」とトランプは宣言

NATOの設立趣旨に反するトランプの「責任を果たさない国は守らない」という主張

2019年の「NATOサミット」に参加したトランプ

2019年のNATO首脳会合は当初、外相会合に合わせて米ワシントンで開催される見込みだったがトランプは招致せず、イギリス・ワトフォードで開催された

対ソ連のために生まれた集団的自衛権の概念

トランプは2024年の米大統領選挙に向けて行われた演説のなかで、「国防費が少ないNATOの加盟国は守らない」と発言した。米大統領在任時にも、NATOの会合で欧州の首脳から「防衛費支払いの義務を果たさない国でもアメリカは守るのか」と問われた際に、「責任を果たさない連中については、ロシアに『好き勝手を行えばよい』と伝えるだろう」と答えた。NATO加盟国において、その国のGDP比2%以上を国防費に充てるものとしており、つまり、2%の国防費を達成できない加盟国がロシアなどからの攻撃を受けたとしても、米軍は守らないというわけだ。

　NATOは正式名称を「北大西洋条約機構」といい、第二次世界大戦後、ソ連に対抗するための軍事同盟として誕生した。「NATOに加盟する国が他国からの攻撃を受けた際には、NATO全体で対抗していく」という集団的自衛権の概念もこの時に生まれたものである。

　トランプの「責任を果たさない国は守らない」という主張はこのNATOの設立趣旨に反するもので、そのためトランプが米大統領に返り咲いた際には、アメリカがNATOを離脱するという予測もある。

アメリカが離脱をすればNATOは有名無実化

　東西冷戦の時代には、西側のNATOに対抗して、東側はソ連を中心とした軍事同盟の「ワルシャワ条約機構」を結成し、両陣営がにらみ合いを続けてきた。

　だが1991年のソ連崩壊後は、もともとワルシャワ条約機構の加盟

取材・文●早川満

アメリカ一国のNATO脱退でロシアへの戦力的対抗は不可能に

ドイツやフランスが武器弾薬をウクライナ支援で使い果たしたこともあり、今のロシアが本気で侵攻を始め、アメリカがこれに応戦しなかった場合、1カ月以内にロシアが欧州全土を制圧するとされる

欧州に米軍を展開する分のコストを自国の景気回復に充てたいトランプ

2023年のNATOサミットに岸田首相も参加

2022〜2023年にNATOサミットへ招待された岸田首相は、「ウクライナ支援」を強要された

国だった東欧の国が続々とNATO入りを果たし、米軍は東欧のラトビアやスロバキアを含む11カ国で専用の基地を展開。駐留する米兵は10万人超にも及んだ。

この状態にプーチンは安全保障上の危機を覚え、のちにロシアのウクライナ侵攻の一因となった。一方でロシアのウクライナ侵攻は、北欧のフィンランドやスウェーデンへの脅威となり、この2国の加盟によりNATOは欧州各国と北米の計32カ国にまで拡大した。とはいえアメリカを除いた31カ国が集団的自衛権を発動しても、軍事力でロシアには敵わない。そのためアメリカが離脱をすれば、NATOは有名無実化することになる。

東西冷戦が終結したあとも、アメリカはNATOを戦略的に利用してきた。1999年のコソボ紛争においては、国連安全保障理事会でのロシアの反対を押し切って、NATO軍としての軍事介入を実現。セルビアの軍事施設などへ大規模な空爆を行っている。アメリカはこの行為を「米軍による侵略ではなく、欧米の合意による人道的介入である」と主張している。

軍事衝突を伴う国家間の緊張が、軍需産業をはじめとした経済を刺激して好景気をもたらすという考えは、ネオコン（アメリカの新保守主義）の間で根強く言われ続けていることであり、そのためにもNATOは重要な役割を果たすはずだった。

ところがトランプは、欧州に米軍を展開する分のコストを自国の景気回復に充てたほうがいいという考え。これは他国への軍事的介入に積極的なネオコンの思想とは根本的に異なる。そのため、仮にトランプ大統領誕生後のアメリカがNATOに留まることになったとしても、加盟国に対してはGDP比2%以上を超えた軍事的な負担を求めていくことになるだろう。

トランプの大統領返り咲きでさらに増す「ユダヤロビー」の強大な影響力と正体

ユダヤ系アメリカ人たちが政治的な要望を通すために結成した組織

政財界のVIPを多数輩出するユダヤ系アメリカ人

グーグル創業者のセルゲイ・ブリン（左）とラリー・ペイジ（右）もユダヤ系アメリカ人
グーグルは幹部や社員にもユダヤ系が多く、イスラエルのIT系企業を熱心に買収していることでも知られる

1000万人以上の会員を擁する最大のロビー組織「イスラエルを支持するキリスト教徒連合」

アメリカの総人口のうち2・4%しかいないユダヤ系

パレスチナ問題においては、世界的にパレスチナの国家承認を表明する流れが広がり、イスラエルは国際社会での孤立を深めている。しかし、アメリカは徹底してイスラエルを支持し、武器供与などを続けている。

「世界のリーダー」ともいえるアメリカが、なぜ孤立するイスラエルにそこまでこだわるのか。それにはアメリカの一大勢力「キリスト教福音派」の宗教的な繋がりなどが関係しているが、なによりアメリカを親イスラエルに傾かせたのは「ユダヤロビー」の存在だ。

アメリカの人口3億人超のうち、ユダヤ系は約730万人で2・4%ほどしかいないが、彼らは極めて大きな力を持っている。

文化と娯楽の象徴であるハリウッドをつくったのも、『ニューヨーク・タイムズ』を買収してアメリカ随一のクオリティペーパーに仕立てたのもユダヤ系の人たちだ。様々な分野でユダヤ系アメリカ人は成功しており、米映画界はスティーブン・スピルバーグ監督をはじめとしてユダヤ系が多いことで知られる。経済界を見ても、グーグルを創業したセルゲイ・ブリンとラリー・ペイジ、フェイスブック（現・メタ）創業者のマーク・ザッカーバーグ、スターバックスを世界的企業に成長させたハワード・シュルツらはユダヤにルーツを持つ。

政界への進出も目覚ましく、バイデン政権の閣僚はユダヤ系が多い。ブリンケン国務長官、CIAのコーエン副長官、ガーランド司法長官らだ。

そうしたユダヤ系アメリカ人たちが政治的な要望を通すために結成した組織が「ユダヤロビー」だ。最大

取材・文●佐藤勇馬

ユダヤロビーと衝突して身体的な制裁を受けたオバマ

ユダヤロビーと対立すれば大統領ですら無事では済まない

トランプの娘婿ジャレッド・クシュナーはユダヤ教徒

トランプの長女イヴァンカは、クシュナーとの結婚の際にユダヤ教に改宗。トランプの長男と次男もユダヤ系の女性と結婚している

ユダヤロビーと衝突したオバマ

米大統領が肉体的な制裁を受けたのだとしたら、ユダヤロビーの力は計り知れない

のロビー組織「イスラエルを支持するキリスト教徒連合」は１０００万人以上の会員を擁するとされ、政治的活動に活発な「米イスラエル公共問題委員会」は全米ライフル協会に匹敵する資金力を持つ。

トランプはバイデン以上に強固なイスラエル支持派

ユダヤロビーから莫大な政治資金が流れることで、アメリカの政治の世界でユダヤ系は無視できない存在となっている。アメリカの権力構造の頂点に位置するはずの大統領ですらユダヤ系の力には屈してしまう場合もあるのだ。

シカゴ大学のジョン・ミアシャイマー教授は、２０２３年11月に出演したネット番組で「バイデン大統領は強い愛着を持ってイスラエルを支持しているが、同時にジミー・カーター、ジョージ・H・W・ブッシュ（パパブッシュ）、バラク・オバマがそうだったように、もしユダヤロビーに逆らえば、政治的な代償を支払うことになることも理解している」と指摘した。ユダヤロビーと対立すれば、大統領ですら無事では済まないというのだ。

さらに、ミアシャイマー教授はオバマについて「ユダヤロビーとの衝突で物理的な傷を負わされた」と発言。「つい最近、オバマがイスラエルとパレスチナの紛争を解決するためにどれほど努力したかについて『私の体の傷痕を見ればわかる』と言った」と発言し、なにかしらの「制裁」を受けたことを示唆したのだという。

「福音派」を大きな支持基盤とするトランプは、バイデン以上に強固なイスラエル支持派であり、もしトランプが大統領に返り咲けばユダヤロビーの影響力は今よりも強まるだろう。それがパレスチナ問題などにも波及し、事態が大きく動くことになりそうだ。

「対テロ戦争」を名目に米軍の派兵を自由にさせた「有志連合」という欺瞞

トランプの大統領再登板で他国への米軍派兵が消滅する可能性

「テロとの戦いは戦争ではなく自衛行為」というレトリック

2003年のイラク戦争で有志連合を実質的に指揮したベイビーブッシュ

大量破壊兵器の確証のないまま、ブッシュ大統領はイラクのフセイン大統領とその一族の国外退去を要求。「実現しなければ軍事行動を行う」との最終通告をフセインが無視すると空爆を開始した

国連決議を必要としない「有志連合」の派兵と戦闘

２００１年頃から盛んにいわれるようになった「対テロ戦争」。９・11アメリカ同時多発テロを契機として、イスラム過激派組織のアルカーイダや、アフガニスタン・イスラム首長国（ターリバーン政権）への攻撃を激化させていった。

アフガニスタン侵攻（２００１〜２０２１年）での米軍の派兵では、国連安保理決議が得られなかったことから、アメリカは国際連合憲章に定められた国連軍ではなく、新たに「有志連合」という国際的な枠組みを生み出した。「テロとの戦いは戦争ではなく、自衛行為である」との理屈を強引に押し通すことで、有志連合の活動を「集団的自衛権の発動」と定義。その戦闘行為を「事前に国連決議を必要としない自衛目的のもの」ということにしたのだ。

そうしてフロリダ州タンパの米軍中央軍司令部にはイギリスなどの有志連合国が派遣した武官が集まる建物を設け、緊密な連携を図った。当時の米国防長官ドナルド・ラムズフェルドはこれを「人類史上最大の連合」と自画自賛している。

有志連合は国連の規定する国連平和維持活動（ＰＫＯ）の枠にとらわれず、国連安全保障理事会の決議を経ることもなく、参戦の意思のある国がそれぞれ、平和維持活動や軍事行動などに取り組む国際的な連携関係というのが建前だ。しかしアメリカが「戦う」と言えば、その誘いを断れない国は多い。半ば強制参加のようなもので、実際、アフガニスタンへの参戦を呼びかけられた日本は、国内に大きな反対の声がありながらもテロ対策特別措置法を急きょ制定。これに基づいて海上自衛隊が派遣さ

取材・文●早川満

米国民と米本土だけをテロから守る トランプの「アメリカ・ファースト」

アメリカに誘われれば 有志連合への参加は断れない

他国への米軍派遣は行わない方針を取るトランプ
自国第一で海外への武力侵略を行わない方針を打ち出すトランプだが、2018年には「化学兵器の拡散防止」の名目で、シリア空爆を実行している

トランプ政権時代に決定した米軍のアフガニスタン撤退
米軍の撤退により、アメリカのアフガニスタン侵攻はターリバーンが勝利した形となった

れ、インド洋での給油活動などを行っている。

縮小の方針を取るトランプのテロ対策

2014年には、やはりアメリカを中心とした有志連合軍が、イラクやシリアで勢力を拡大する過激派組織ISIL（イスラム国）の討伐に当たっている。イラクのフセイン政権崩壊後に誕生したISILはシリアやイラクの大部分を制圧して支配下に置いていたが、2017年までにそのほとんどが有志連合軍や地元の義勇軍によって掃討されている。

だがトランプの掲げるテロ対策は、こうした世界規模の作戦とは色合いを異にする。トランプは前政権時、アフガニスタンにおいてイスラム主義勢力のターリバーンと撤退について合意をしていた。有志連合の一員としてアフガンやイラクに駐留していた米兵についても、それぞれ縮小する方針だった。長年にわたってアメリカと敵対してきたロシアやイランに対しても、トランプは融和的な姿勢を見せている。

だがその一方、トランプ前政権では2018年にシリア攻撃を実行し、北朝鮮や中国には圧力強化の姿勢を見せていた。そのため新たに大統領となった際にどのような外交政策を行うかは未知数な部分も多い。

ただ少なくとも、他国におけるテロ被害に対して米軍を派遣する可能性は低く、あくまでもアメリカ本土をテロから守ることを主眼としていて、その対策としては前政権時のような「イスラム教徒が多数を占める7カ国の人の入国を制限する」「不法入国を許さない」といった、他民族排除の方針が取られることになるだろう。

上限知らずの膨大な資金が投入される選挙戦争

アメリカ大統領選挙の「カネと工作」舞台裏

「カネがないと勝てない」過酷な選挙戦システムの実態

〝実質的に〟大統領候補を輩出できるのは二大政党のみ

4年に一度、実に1年以上の長きにわたって繰り広げられるアメリカの大統領選は、表向きはアメリカ最大の熱狂的な政治ショーである——。情報番組などで紹介される大規模な党大会の映像などを観ると、現地の情報に疎い多くの日本人にはそう見えてしまうに違いない。

しかし本当の大統領選は、その数年前、新しい大統領が就任したその時からすでに始まっている。そう、4年後に新しい大統領の座につく野心を持った者たちが、そのための地ならしとでもいうべき活動をスタートさせるのだ。

その活動の内容は、長期の大統領選を戦い抜くための「選挙活動資金集め」である。なぜそこまでの時間を割いて資金集めに奔走する必要があるのかを、大統領選のシステムを紐解きながら見ていこう。

日本では、与党党首がほぼ自動的に内閣総理大臣に任命される。実質的に大統領選に相当するのが自民党総裁選だ。

党内国会議員の推薦人を20人集めて総裁選に出馬し、国会議員と党員の投票合計で過半数を得ることで自民党総裁に選出される。告

取材・文●羽佐間ミツル

新しい大統領が就任したその時から 次の大統領選はすでに始まっている

示から開票選出までおよそ2週間。いわゆる国政選挙と大差ない期間だ。瞬間最大風速的には世間の注目を集め、相応の予算も必要とするが、候補者ひとりにつき何百億円ものお金を動かすという規模ではない。

これに対し大統領選は国内有権者の直接投票で雌雄を決するため、数多くのステップを経る。

まず大統領選の皮切りとして、各政党内で大統領候補指名の座を争う予備選挙が行われる。2017年1月にドナルド・トランプが第45代アメリカ合衆国大統領に選出された選挙で、トランプが共和党からの出馬表明をしたのは2015年6月。同年3〜7月にかけて、最終的に17人の共和党員が党指名獲得に名乗りを挙げている。

その後、半年間のキャンペーン活動期間を経て、2016年2月から6月にかけて国内全50州ならびに準州であるグアム、自治領である米領サモアならびに北マリアナ諸島を遊説し、予備選もしくは党員集会が行われる予定だった。しかし、予備選の途中で活動資金の枯渇や支持者数の伸び悩みを理由に撤退を

出馬表明から当選を確実にするまで 1年半もかかる長い選挙戦

表明するする候補者が相次ぐのが恒例である。いわば我慢比べだ。2016年4月に行われたウィスコンシン州予備選の時点ではすでに、当初17人だった共和党候補者はトランプとテッド・クルーズ上院議員、オハイオ州知事であるジョン・ケーシックの3人まで絞られていた。

5月に入るとクルーズ上院議員とケーシック知事も相次いで撤退を表明したことから、残す16州での予備選を待たずにトランプは指名獲得を確実なものとしている。その後、公認候補者を決定する7月の共和党全国大会でトランプは共和党候補として正式に指名された。

同様に民主党も全国で予備選を展開し、ヒラリー・クリントン前国務長官（当時）が大統領候補に選出されている。実際にはその他の弱小政党の候補者や無所属の候補者もいたが、彼らはいわゆる泡沫候補でしかない。

そしていよいよ、二大政党の候補者による一騎打ちとなる。再び各州での遊説を繰り返しつつ、10月に入ると複数回のテレビ討論会が実施された。11月に一般有権者投票、次いで12月に選挙人による投票が行われ、その結果、トランプが当選を確実なものとした。出馬表明から1年半の長い選挙戦は、こうして幕を閉じた。

それだけの期間を戦い抜くためにどれだけの資金力が求められるかは、想像に難くない。この2016年の大統領選で、一般有権者投票直前までにトランプは約1億3000万ドル、ヒラリーは約2億9000万ドルを調達していた。しかも、トランプ側の1億3000万ドルは選挙運動資金のおよそ3割にすぎず、他の7割に相当する額を自己負担で賄っているため、概算で4億ドルを費やした計算だ。このあたりは、不動産王としてトランプ王国の頂点に君臨する傑物ならではの財力といえよう。選挙戦前年の個人所得だけで5億5000万ドルを超えていたというから、大統領になるためなら、年収の半分くらいは供

出しても痛くも痒くもなかった。

富裕層からの献金の受け皿「スーパーPAC」

候補者が選挙戦で必要とする資金の多くは、企業や個人からの候補者への献金や寄付によって賄われる。大統領候補者はPAC（政治活動委員会）を設立してこれが献金窓口となり、そこから活動資金を捻出する。個人献金は200ドル以下の小口が全体の半分近くを占めており、それ以上の大口献金は予備選、本選それぞれに1個人（もしくは1団体）から3300ドルまでと上限が定められている。しかも、大口献金で得た資金は毎月、もしくは3カ月に一度のペースで用途と支払い額をFEC（連邦選挙委員会）に報告する義務があり、運用面での透明性はかなり高い。

しかし、この個人献金レベルの資金で、選挙戦に動員される数百人規模の人件費や移動費、設備費、それに加えて各種広報活動費などすべてをカバーするのは難しい。というか、事実上不可能だ。そこで登場するのがスーパーPAC（特別政治活動委員会）である。

候補者への無制限の献金を可能にさせたスーパーPAC

PACは候補者や政党と関係のない個人や団体でも設立することができ、支持する候補者や政党を支援する活動を展開できる。しかも、かつてはPACも一個人や団体からの献金額には上限が設定されていたが、2014年に事実上無制限の献金が可能となり、一部の企業や資産家からの大口献金が相次ぐこととなった。その結果、これまでのPACとは規模の違う資産運用が可能となったことから、スーパーPACと呼ばれるようになった。

スーパーPACの登場で何が起こったか？

第一に、献金者による候補者（のちの大統領）への存在感や貢献度の誇示であり、暗に自身への利益誘導を促すものだ。いわば合法的な贈収賄行為であり、候補者は魂を売り飛ばして資金を集めるわけである。当然、候補者が選挙活動中に訴える主張も大口支援者の期待に沿ったものとなっていき、当選後は大口支援者の便宜を図るようになる。2016年の大統領選ではヒラリーが積極的にスーパーPACを活用し、逆にこれを堕落した金権政治の象徴として糾弾したトランプは活用しなかった。それが前述した選挙活動資金調達額の両者の開きの理由である。

堕落した「金権政治」の象徴とスーパーPACを糾弾したトランプ

第二に、スーパーPACの活用方法である。実はスーパーPACで得られた資金は、候補者が選挙活動に直接利用することができない。あくまでスーパーPACは外部団体という体裁であるため、候補者が全国を遊説するための交通費にも運営スタッフの賃金にも充てることができないのだ。

そこで、スーパーPACに集まった資金は外部にバラ撒かれることとなる。具体的には、メディアを介したCMだ。かつては新聞公告程度しか選択肢がなかったが、豊富な資金で全国規模のテレビCMが頻繁に打たれるようになり、さらにメディアの発達によりSNSなどにも選挙CMが登場するようになった。そのCM出稿数と額はウナギ上りとなり、それだけで数億ドル規模の金額が湯水のごとく

数億ドル規模の金額が消費されていく ネガティブキャンペーンの広告費

DONALD TRUMP:
TOO RECKLESS AND DANGEROUS
OUR PRINCIPLES PAC PAID FOR AND IS RESPONSIBLE FOR THE CONTENT OF THIS ADVERTISING.
NOT AUTHORIZED BY ANY CANDIDATE OR CANDIDATE'S COMMITTEE. OURPRINCIPLESPAC.COM

2016年の大統領選ではトランプを誹謗するCMが大量に流れた

テレビ番組のMCとしても活躍していたトランプは歯に衣着せぬ物言いが持ち味で、“政治的に正しくない”発言も頻発し、ヒラリー陣営はそれを攻撃するCMを大量に投入した。しかし、トランプはこれを馬耳東風と受け流した

消費されていく。しかも、候補者の主張を紹介、もしくは支援する広告ではなく、圧倒的多数が対立候補へのネガティブキャンペーンに充てられていく。その効果は、巻頭記事「トランプの『新選挙戦術』」で触れられているとおりで、大統領という巨大利権を獲得するために国内を分断するＩＴシビル・ウォーが繰り広げらる。

回を追うごとに増大する政治広告費の予算

もともと歯に衣を着せぬ弁舌とメディアを使った世論誘導にたけていたトランプは、このネガティブキャンペーンとも相性がよく、富裕層と国内労働者階級の対立構造を煽る形で票田を獲得していった。この国内の階層間の亀裂は、２０２４年現在でも継続しているといっていい。

ちなみに、この政治広告費とでもいうべき予算は大統領選挙の回を追うごとに増大の一途をたどっており、前回の２０２０年大統領選でおよそ64億ドル、２０２４年の大統領選では総額が１５０億ドルを超えるとも予測されている。終わりの見えない倍々ゲームだ。

なお、２０１４年の献金上限額撤廃に先立つ２０１０年の「シチズンズ・ユナイテッド対ＦＥＣ裁判」において、本選挙の60日以内

終わりの見えない倍々ゲームとなった政治広告への膨大な資金投入

トランプをはるかに上回る資金を集めながら敗れたヒラリー

元ファーストレディという抜群の知名度で選挙活動資金を集めたヒラリー。しかしメディア戦略で後れを取り、ロシアのラフタ作戦のターゲットとなったことで、膨大な資金をドブに捨てることとなった

および予備選挙の30日以内にテレビＣＭを流すことを禁じているのは違憲とする、合衆国最高裁判所の判例があり、献金額上限の撤廃はシチズンズ裁判と併せて「選挙資金規制法を骨抜きにするもの」という一部最高裁判事の見解が付記されている。そこまで明け透けでありながらも大統領選挙を金権政治化したかった勢力があったのだ。

結果的に２０１６年の大統領選では得票数こそヒラリーが上回っていたが、選挙人獲得数で上回ったトランプが勝利。通例であれば大統領職は2期8年を務めるが、1期を満了した時点でトランプは対立候補であるバイデンに敗れ、政権の座を退いている。これはトランプの支持率の低下というよりも、金権政治礼賛組が巻き返しに成功した結果だ。

２０２４年の大統領選では、前回と同じカードで大統領の椅子の座をかけた戦いが展開されている。

ロシアの大規模ハッキングでヒラリーのイメージダウンを画策

２０１６年の大統領選では、ロシアがネット経由で米国内の世論誘導を行っていたことが明らかとなった。「ラフタ作戦」と呼ばれるもので、ヒラリー陣営に大規模なハッキングをしかけて内部情報を流出させ、イメージ

プリゴジンが事実と認めたロシアによる選挙介入

ダウンを狙った。当初は単なる疑惑でしかなかったが、のちにオリガルヒのメンバーであり傭兵組織ワグネルを率いていたエフゲニー・プリゴジンがこれを事実と認めている。ロシアのウクライナ侵攻に関連してプーチンに反旗を翻し、のちに謀殺されたとされるあの人物だ。

ここではトランプに利する形で各種ＳＮＳを用いた情報誘導が展開されたが、結果的には大統領選に勝利したトランプにも疑惑が降りかかる事態となった。当初からロシアは、大統領選や民主主義体制そのものの信頼性を失墜させることを目的にしていたとされる。結果的にその後の大統領選には常に疑惑の目が向けられるようになり、２０２０年の大統領選ではバイデン大統領の勝利確定後に、一部市民団体による不正選挙疑惑に対する暴動が発生するなど、国内の深刻な分断を浮き彫りにした。

米国内の世論をヒラリー側に誘導しようとした日本のマスコミ

これとは違う形で２０１６年の大統領選に干渉していた国がある。それが日本である。

大統領選の推移を詳細に把握していた日本の各メディア内部では、早い段階から一貫してトランプ有利という観測があった。しかしテレビや新聞メディアでは、逆にヒラリー有利という論調のニュースが報道され続けた。

これはマスコミ各社の上層部からの指示によるものとされ、明らかな誤情報を意図的に流し続け、日本世論を誘導したのである。日本に対して強硬姿勢を打ち出してくることが明らかな暴君トランプよりも、比較的に親日外交が期待できるヒラリーが大統領になることが望ましい。そのため、「日本ではヒラリー有利と報道」という情報をアメリカ国内に逆輸入させることで、米国内の世論をヒラリー側に誘導しようとしたとされる。

これが特定の報道機関だけの偏向なら理解できるが、ほぼすべての日本のマスコミがヒラリー有利一辺倒だったという事実は、報道の旗振り役がマスコミ機関のさらに上、政府関係筋であったと解釈できる。蓋を開けてみれば日本でのヒラリー有利の報道は期待したほどの影響力はなく、この工作は実を結ばなかった。

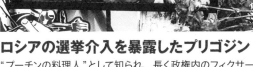

同様に日本政府もマスコミの報道はあくまで民間の事前予測を伝えたものとして切り捨て、安倍晋三首相（当時）のゴルフ外交などによって、トランプとは蜜月な関係を構築した。このあたりは、日本の外交も意外としたたかだったのだ。

ロシアの選挙介入を暴露したプリゴジン

“プーチンの料理人”として知られ、長く政権内のフィクサーだった。ラフタ作戦のリークも意図的な戦術とされる

第三章
「アメリカ大統領の7大陰謀事件」

「イラン・クーデター」で暗躍したCIAとアイゼンハワー大統領の〝石油利権強奪〟

イランの石油利権を奪うだけでなく共産化も阻止したアイゼンハワー

石油利権の40%を得るためにアメリカが起こした大陰謀

CIAの露骨な工作で起こったイラン・クーデター

1953年、CIAの扇動工作でイラン国民が蜂起。ここからアメリカvsイランの泥沼の対立が始まった

イランとソ連の接近を許さなかったアイゼンハワー大統領

イランの貧民層を買収して暴動を起こさせる作戦

1908年に中東で最初の油田がイランで発見されると、この開発に当たったのはイギリスの国策会社アングロ・イラニアン石油会社だった。以後、イランの石油利権は同社が独占していたが、1951年にイランのモハンマド・モサッデク首相は石油企業の国営化を断行する。

この時期、アメリカはイランの石油利権に絡んでいなかったが、1953年にイギリスと共謀し、イランの石油利権の40%を得る約束を取りつけたうえで、モサッデク政権を転覆させる「イラン・クーデター」を実行する。ここで暗躍したのがCIAだった。アメリカの国務長官だったジョン・ダレスは、CIA長官で実弟のアレン・ダレスとともに、イランの首都テヘランの貧民層を買収して暴動を起こさせる作戦を立て、駐イラン大使を指揮して実行させた。

1953年に大統領となったドワイト・D・アイゼンハワーは、最初の公式演説で「世界でイランよりも地理的に重要な地域があるとは考えていない」と、この作戦を支持した。アイゼンハワー大統領にとって、クーデターを起こさせた動機は、石油利権だけでなく、イランで共産主義政権が誕生する危険を回避する目的もあったのだ。

モサッデク首相はイギリスをはじめとする西洋列強に対抗するためにソ連と接近していたが、もしソ連とイランが同盟を結ぶことになれば、カスピ海を渡ってペルシャ湾、インド洋にまでソ連が自由に行き来できることになる。共産主義の拡大を防ぐために、アイゼンハワー大統領は地政学的に重要なポイントであるイランをアメリカの手で抑え込む必要

取材・文●早川満

トランプ政権下でもイラン革命防衛隊のソレイマーニー司令官を殺害

イラン・クーデターを主導したジョン・ダレス国務長官（左）とアイゼンハワー大統領

ダレス国務長官は、イラン工作に携わっただけでなく、日米安保条約締結を主導した「ジャパンハンドラー」でもあった

アレン・ダレスCIA長官

ダレス弟はCIA長官としてグアテマラの政変（1954年）やベトナム介入にも関与

があると考えていた。

イランの民主主義を破壊したアメリカの陰謀

またイランの石油が自国で管理されることになれば、これをモデルとして南米やその他中東の国々も同じことをやりかねず、そうなれば米経済は破滅的な打撃を受けてしまう。それを避けるためにもイランを自由にさせるわけにはいかなかった。

だが、モサッデクは国民による正当な選挙で選ばれた首相であり、国民から熱烈な支持を得ていた。これをクーデターにより失脚させることは、イランにおける民主主義の破壊を意味することでもあった。

アイゼンハワー大統領はモサッデクに代えて、第二次世界大戦時までイランを統治していたパフラヴィー朝の皇帝モハンマド・レザー・パフラヴィー（パーレビ国王）を傀儡に立てた。パーレビ国王はアメリカの意向に沿ってイランの民主化、西欧化を強行したが、これに反対するイスラム教徒の市民たちによる暴動が頻発する。

そうして1979年には、アーヤトッラー・ホメイニー（ホメイニ師）が主導する「イラン革命」が起こり、イラン・イスラーム共和国を樹立した。この新国家は「本来のイスラム教の教えに厳格に従わねばならない」というイスラム原理主義を掲げ、明確に反米・反英の姿勢を打ち出した。ホメイニ師に共鳴したイスラム法学校の学生らによって、イラン革命と同じ年、「イランアメリカ大使館人質事件」も発生した。

以後、ホメイニ師はアメリカを「大悪魔」と呼び、アメリカの歴代大統領たちはイランを「悪の枢軸」と呼ぶようになった。イランの核開発問題もあり、トランプ政権下の2020年にも米軍の空爆によりイラン革命防衛隊のソレイマーニー司令官が殺害されるなど、両国の関係は混迷を極めている。

7大陰謀事件 2

ケネディ大統領とCIAの対立を生んだ〝キューバ危機前年〟の「ピッグス湾事件」

長官ダレスの解任で「反ケネディ」の思想を強めていったCIA

カストロ政権転覆作戦を主導したCIAのアレン・ダレス長官

CIAの訓練を受けピッグス湾に上陸侵攻した反カストロの亡命キューバ人部隊

亡命キューバ人部隊は歴史に翻弄され、政府軍に勝てる見込みのない戦いを挑んだ

カストロ政権側に漏れていたカストロ政権転覆作戦の情報

ケネディ政権における「最大級の汚点」

「人類が最も核戦争に近づいた瞬間」といわれた「キューバ危機」の前年、1961年に起きた「ピッグス湾事件」。アメリカの歴史においてもケネディ政権においても「最大級の汚点」として語り継がれている異質な事件だ。

アイゼンハワー政権時代にキューバのカストロ政権転覆が計画され、退任間近だったアイゼンハワーに代わり、CIAのアレン・ダレス長官らを中心に作戦が進められた。作戦の詳細は、CIAの支援のもとで軍事訓練を受けた亡命キューバ人たちをゲリラ軍として組織化し、キューバに侵攻させ、カストロ革命政権を打倒するというものだ。しかし、ゲリラ部隊だけでキューバ政府軍に打ち勝つのは難しく、ダレス長官は「亡命キューバ人は捨て駒」として、米正規軍の介入を計画に組み入れたとされる。

作戦は新大統領に就任したばかりのケネディの承認を得たが、事の重大さを危惧したケネディは乗り気でなかったという。しかも、作戦の情報は在米キューバ人を通じてカストロ政権側に漏れており、ソ連のKGBも情報を摑んでいた。ダレス長官は情報が漏れたことに気づきながら、ケネディにそれを伝えず、アメリカ側に不協和音が生じていた。

作戦は想定どおりに亡命キューバ人部隊が苦戦する形となり、そして失敗に終わった。最大の敗因は、上陸部隊を空から米軍の爆撃で援護する予定だったはずが、ケネディが最終段階で援護を中止したことだとされる。これがピッグス湾事件のあらましとなる。

取材・文●佐藤勇馬

CIAによるケネディ暗殺を隠蔽するために ダレス元長官が事件調査会メンバーに 選ばれたとする説

ピッグス湾事件の失態からケネディ大統領に CIA長官を更迭されたアレン

ダレスは大失態の責任を取らされたはずだったが、ニクソン政権が発足すると国家安全保障会議のメンバーに選ばれており、権力の中枢においては評価や地位が落ちていなかった

ケネディ大統領暗殺事件

20世紀最大のミステリーといわれる暗殺事件へのCIAの関与を多くの米国民は信じている

作戦失敗にケネディは激怒し CIAの解体まで検討

作戦そのものの見通しが甘かったのも事実で、国際社会で大恥をかかされたケネディは激怒し、CIAの責任を追及してダレス長官らを更迭。ケネディは「粉々に引きちぎってやりたい」などと口にし、CIAの解体まで検討したという。これがアメリカのその後の歴史に大きな影響を与えたと指摘されている。

ダレスは解任後もCIAに強い影響力を持ち続け、彼を慕う幹部たちも「反ケネディ」の思想を強めていった。ケネディや長官の後任者はCIAを掌握できず、国の重要な情報機関と大統領の間に溝が生まれてしまったのだ。

ピッグス湾事件から2年半後、ケネディはテキサス州ダラスで暗殺された。暗殺事件を調査するために連邦最高裁長官アール・ウォーレンを委員長とする「ウォーレン委員会」が設置されたが、そのメンバーになぜかダレスが選ばれた。対外情報機関であるCIAのOBが国内事件の調査を主導するのは違和感が拭えない。調査によりケネディ暗殺は元海兵隊員オズワルドの単独犯行と断定されたが、ケネディと対立していたCIAによる犯行との説が根強くある。ダレスが委員会メンバーになったのは、オズワルドをスケープゴートにするためだったのではと指摘されているのだ。

以降、CIAは大統領ですら完全に掌握できない機関となり、トランプは大統領時代、トランプ政権を批判していたジョン・ブレナン元CIA長官の機密情報アクセス権限を剥奪。これに歴代長官ら12人が異例の抗議声明を発表するという事態になった。トランプが大統領に返り咲けば、CIAとの対立は以前にも増して激しくなるとみられ、その争いがアメリカのみならず世界情勢に影響を与える可能性がありそうだ。

7大陰謀事件
3

「ニクソン・ショック」がもたらしたマネーゲームが支配する世界

ここから始まった世界中で大きな問題となっている極端な貧富の格差

ドルの価値低下は止まらず先進諸国は「変動相場制」に移行

世界経済の大転換となった「ニクソン・ショック」

ベトナム戦争で疲弊した米経済の復活を目指したリチャード・ニクソン大統領

ニクソン大統領は国務省などの官僚組織と距離を置き、ホワイトハウス主導による秘密主義、独断専行の政策を次々と実行していった

戦後世界経済の中心ブレトンウッズ体制が崩壊

１９６０年代、第二次世界大戦の戦禍からの復興を遂げた欧州各国や日本はアメリカへの輸出を増やし、そこで得たドルをアメリカの金（ゴールド）と交換した。これによりアメリカの金保有高が急速に減少すると、金価格は高騰。これに紐づくドルの価値は大幅に下落した。いわゆる「ドル危機」である。

さらにベトナム戦争が本格化して戦費の支出が膨大化すると、その穴埋めのため、リチャード・ニクソン大統領は１９７１年8月、「国際的な投機からドルを守る」という名目で、「ドルと金の交換停止」などを柱とするドル防衛策を発表した。

これは戦後世界経済のブレトンウッズ体制（米ドルを基軸とした固定為替相場制）を崩壊させるものであり、さらに10％の輸入課徴金を宣告したことで戦後の自由貿易体制をも揺るがすことになった。

この金融システムの根本的な変更は、1カ月前に発表された中国への電撃訪問と並んで「ニクソン・ショック」と称された。電撃訪中も東西冷戦時においては大ニュースだった。だが「ドルと金の交換停止」は、現在の金融経済に繋がる世界経済の大転換をもたらすことになった。

先進諸国は１９７１年12月にワシントンのスミソニアン博物館で主要国蔵相会議を開き、「これまでの１ドル３６０円を、１ドル３０８円にする」などのドル切下げを決定した。このスミソニアン協定は固定相場制を維持することを狙ったものだったが、ドルの価値低下は止まらず、先進諸国は相次いで「変動相場制」に移行することになる。これ以降のアメリカは保護貿易主義的な姿勢を強

取材・文●早川満

「ドルと金の交換停止」とともに世界を驚かせた「ニクソンの訪中」

朝鮮戦争以降対立していた中国へニクソンは米大統領として初の訪問。周恩来（右）、毛沢東らと会談した。デタント（緊張緩和）政策の一環だったが、共産中国を認めたことで「フランケンシュタインをつくってしまったのではないか」との懸念も生まれた

金融政策の自由度が増したことで資本家がさらに儲かるという構造に

め、これが日米貿易摩擦の背景となった。

金融危機のリスクを高めたニクソン・ショック

ニクソン・ショックとは、戦争の一因となった通貨の切り下げ競争への反省から生まれたもので、ドルを世界の基軸通貨として金との交換比率を固定するというものだった。金との交換が前提だから、保有する金以上にはドルを発行できない。これによって過度なインフレを防ぐ効果こそは見込めるが、その一方で、大きな投資がやりづらいなど経済成長の停滞にも繋がる。現在、世界の金融市場で行われているような大規模な金融取引も、金本位制の下では成り立たない。

金との交換がなくなれば、国が発行する通貨の量を調整しやすくなるため、金融政策の自由度は増す。通貨の供給量を増やしてお金を行き渡らせることで大きな経済成長は望めるようになったが、その一方では通貨の膨張に需要の拡大が追いつかず、余剰なお金による、マネーゲームと呼ばれるような投機的な取引によって、金融危機のリスクが常につきまとうことにもなった。国家をまたいだ資本の移動がやりやすくなるため、急激な資本の流出・流入による通貨危機や物価変動も起きやすい。

大量の資本によって利益を生み出すという金融取引の性質から、資本家がさらに儲かるという構造も出来上がっていった。現在、世界中で大きな問題となっている極端な貧富の格差は、このニクソン・ショックから始まったのだともいえる。

戦後の西側諸国の経済の復興を支えたブレトン・ウッズ体制

ブレトン・ウッズ体制はアメリカの世界経済支配を実現すると同時にドル危機ももたらした

反米イスラムテロ組織を生む結果となった アフガニスタン紛争の「サイクロン作戦」

対ソ連軍のゲリラにアメリカが支援した資金と最新鋭武器が反米テロの強化に

サイクロン作戦の拡大を進めた カーター大統領とレーガン大統領

民主党のカーター大統領から共和党のレーガン大統領に 代替わりしてもCIA主導で続いたアフガニスタンへの介入

アフガニスタンの赤化を防ぐことを目的に始まったサイクロン作戦は、逆にソ連の直接介入を招き、事態はカオス化。カーター政権に始まり、レーガン政権にまでわたって続くことになった

CIAは反政府ゲリラを数億ドル単位で支援

70年代後半から10年以上に及んだソ連によるアフガニスタン紛争（1978〜1989年）に対し、CIAは、コードネーム「サイクロン作戦」を実行した。

1978年、アフガニスタン人民民主党による共産主義政権がソ連のバックアップを受けて成立すると、これに反発する反政府ゲリラが各地で蜂起した。彼らは自らをムジャーヒディーンと名乗っていた。これはアラビア語で「聖戦＝ジハードを遂行する者」を意味し、彼らは共産政府との戦いをジハードと位置付けていた。

CIAはそのムジャーヒディーンに対し、アフガニスタン政府やソ連軍と戦うために必要な武器と資金を供給していった。これがサイクロン作戦の実態である。

当初から数億ドル単位の巨額を投入して、80年代後半には年間の投入額が数十億ドルにもなったという。これはCIAが極秘裏に行った作戦で最も費用がかかったものの一つともいわれている。

CIAは、紛争に直接関与して米ソの直接対決になることを回避するため、基本的にはISI（パキスタン軍統合情報局）と共同作戦を行っていた。ISIはアメリカの資金を使って、アフガニスタンの反政府勢力に武器を提供し、資金援助を行い、訓練を実施した。ムジャーヒディーンにはアフガニスタン国内だけではなく、イスラム世界の各地から志願兵が集まり、ウサーマ・ビン・ラーディンもそんな志願兵の一人だった。

1979年には当時のジミー・カーター大統領が、アフガニスタンにおける反共ゲリラへの資金提供を認

取材・文●早川満

イスラム世界の各地から集まった反政府ゲリラへの志願兵

CIAに資金援助と武器供与をされたムジャーヒディーン

CIAが投入した武器と資金は莫大で、ゲリラ組織は肥大化。のちのテロ事件の温床となる。同時に協力国だったパキスタンの軍事力も増強させ、同国は1998年に核実験を実施。世界7番目の核兵器保有国となった

戦況を一変させたアメリカのスティンガー携帯式防空ミサイル

スティンガー携帯式防空ミサイル

手軽に扱えるのに効果は絶大。スティンガーはゲリラ戦の様相を一変させた

可する大統領令に署名し、「ソ連のアフガン侵攻は第二次世界大戦以降、平和に対する最大の脅威である」との声明を発表した。また次代のロナルド・レーガン大統領も、海外の反ソ抵抗運動への支援を行う「レーガン・ドクトリン」の一環として、サイクロン作戦の拡大を支持した。

アフガニスタンの米ソの争いで起こった五輪のボイコット

　CIAが供給した武器のなかでも絶大な効果を発揮したのが、1986年以降に実戦配備されたスティンガー携帯式防空ミサイルだった。それまでムジャーヒディーンは、ソ連空軍の武装ヘリコプターに対抗する手段を持たず、一方的に空から掃討される状況にあった。だがスティンガーの登場によって、ソ連空軍に壊滅的な打撃を与えることに成功する。その威力は、ソ連の特殊部隊がムジャーヒディーンのアジトに乗り込んでスティンガーを奪う作戦が実行されたほどだった。

　アフガニスタンにおける米ソの争いはスポーツの世界にも飛び火した。1980年のモスクワ五輪では、西側諸国や中国、イスラム諸国など約50カ国がボイコットした。またこれに対抗して1984年のロサンゼルス五輪ではソ連の影響下にある東側諸国や、アメリカと敵対するイランなどがボイコットをしている。

　だが1989年には、国内外に問題の噴出したソ連がアフガニスタンから撤退。サイクロン作戦も終了した。同作戦で供給された武器や資金は皮肉にも、その後に反米イスラムテロ組織の活動を支えることにもなった。なかでもスティンガーは、その威力のすさまじさから、CIAがわざわざ買い戻して回る事態になったという。

　なおCIAは中米のニカラグアやアフリカのアンゴラなどでも、アフガニスタンと同様に反共抵抗活動を支援している。

7大陰謀事件
5

〝国家の闇〟を認識させたレーガン政権の大スキャンダル「イラン・コントラ事件」

世界に衝撃を与えたアメリカの「テロ支援国家」「反政府ゲリラ」との裏取引

人質の米軍兵士の解放のために国交断絶中のイランに武器輸出

記者会見で「イラン・コントラ事件」の経緯を説明するレーガン大統領

イラン・コントラ事件は、レーガン政権が直面した最も深刻な危機となった。レーガンは事件への関与を全面否定していたが、のちにそれを撤回したことで国民の信頼を失った

イランへの武器売却で得た利益でコントラを資金援助

歴史上の重大事件のなかには、当初は「陰謀論だ」と決めつけられていたものが事実だったと判明し、世界を驚愕させるケースが少なからずある。その代表的な事件の一つが、アメリカが国家間の裏取引やゲリラ組織への資金援助を行ってたとするレーガン政権の大スキャンダル「イラン・コントラ事件」だ。

事件の発端は、1985年、レバノンで活動していた米軍兵士らが親イラン系の過激派組織に拘束され、人質となったことだった。

人質救出をスムーズに行うため、米政府は過激派組織の後ろ盾となっていたイランと極秘裏に交渉。当時、米政府はイランを「テロ支援国家」とみなし、国交の断絶を宣言していた。しかし、米政府は非公式に武器の輸出を提案。イラン・イラク戦争（1980～1988年）で劣勢となっていたイランはこれを受け入れ、国家間の裏取引が成立した。さらに、この工作の中心になっていた米海兵隊のオリバー・ノース中佐らが、武器売却で得た利益を左傾化が進んでいた中米ニカラグアの反政府右派ゲリラ「コントラ」への資金援助に流用。コントラに対する援助は議会によって法的に禁止されていたが、米政府が密かにそれに違反する状況となった。

この事件の情報が噂レベルで流れていた当時は「あり得ない」と一笑に付されていた。だが、1986年に事件の全容が発覚。レーガンは関与を全面否定していたが、のちにイランへの武器供与を承認したことを認め、議会・世論の厳しい非難を浴びることになった。ただ、レーガンはコントラ援助への資金流用につい

取材・文●佐藤勇馬

関与を全面否定したレーガンが のちにイランへの武器供与を肯定

イラン、コントラ双方の交渉窓口は パパブッシュだったという疑惑

副大統領だったパパブッシュ（右）の「傀儡」とまでされていたレーガン大統領

裏工作をはじめとした様々な交渉はパパブッシュが一手に担っていたとされ、副大統領を8年間務めた彼なしにはレーガン政権は成り立たなかったといわれている

ニカラグアの反政府右派ゲリラ「コントラ」

コントラは複数の組織があり、レーガン政権から支援を受けて活動した反政府民兵は事実上の傭兵部隊だった

ては知らなかったとし、世間からは疑いの目があったものの、責任は追及されなかった。

現役大統領と副大統領の関与が疑われた秘密工作

では、大統領ではない誰がコントラへの資金援助を「承認」したのか。これについては、当時副大統領だったジョージ・H・W・ブッシュ（パパブッシュ）がイランとコントラの双方の交渉窓口になっていたとの説が有力視されている。この疑惑は連邦議会の公聴会で取り上げられたこともあったが、結局はうやむやとなり、ブッシュは大スキャンダルへの関与を疑われる立場だったにもかかわらず、のちに大統領に上り詰めた。

実際に責任を問われたのはノース中佐らで、彼は1989年に事件に関連した3件の罪状で有罪判決を受けた。しかし、証言免責を受けていたノースの議会証言が、その後の証人に影響を与えたかもしれないという理由で、控訴審で有罪判決が覆されている。2018年には、ノースがアメリカ有数のロビー団体でもある「全米ライフル協会」の会長に選出され（現在は退任）、世間を驚かせた。

現役大統領と副大統領の関与が疑われた国家間の裏取引とゲリラ組織への資金援助という、アメリカを揺るがす大事件だったが、最終的に真相は藪の中となった。

この事件によって、世間はアメリカと中東・中南米の関係が非常に複雑で、表からは見えない闇が広がっていることを実感した。国民や議会に知らされない秘密工作があることも再認識させられた。それは現在に至るまで変わっておらず、ウクライナ戦争やガザ紛争などでも多くの策謀が秘密裏に動いているとされる。

7大陰謀事件 6

「9・11アメリカ同時多発テロ事件」で疑われ続けるブッシュ政権の大陰謀

多くの米国民が「9・11は仕組まれたテロ」と信じる状況証拠の数々

「機密情報」が開示されない 9・11テロへの米国民の不信感

米世論は9・11をきっかけに「対テロ戦争容認」に急進

旅客機が激突しWTCが崩落する映像は、テロの脅威を全世界に示すことになった。様々な陰謀論が囁かれ続けるなか、真相解明のためには一刻も早い機密情報公開が必要とされる

3000名近い死者を出した惨劇への疑惑

　2001年9月11日、テロリスト組織はアメリカの旅客機4機をハイジャックし、そのうちの2機がニューヨークのWTC（世界貿易センタービル）に、別の1機が米国防総省に突入した（残り1機はホワイトハウスを目指す途中で乗客の抵抗を受け、原野に墜落）。

　3000名近い死者を出したこの惨劇に対し、わずか数日後にはインターネットを中心に「自作自演説」などの陰謀論が出回った。

「旅客機はWTCの上層階に突入したのに、下層階からきれいに崩落したのは、事前にビル破壊用の爆薬がセットされていたためだ」「国防総省の壁に空いた穴は、旅客機の主翼の幅よりも狭い。これはミサイル攻撃によるものだ」「旅客機は遠隔操作されていた」「ジョージ・W・ブッシュ政権はテロの情報を掴んでいたにもかかわらず、あえて実行させた」……。

　事件に関する機密情報が開示されていないため、何が真実かを断言することはできない。だが近年は新型コロナの問題と相まって、「コロナも9・11も、政府が仕組んだ陰謀だ」との声が米国民の間で強まっている。WTC跡地のグラウンド・ゼロ周辺では、追悼の人々に交じって、「CIAやFBIなどの政府機関がテロを防ぐことはできた」「政府は嘘をついている」などと訴え、ビラを撒く人々の姿が今も見られる。

　ただし、少なくともビルの崩落や壁の穴については、爆薬やミサイルを使わずとも旅客機の衝突で説明がつくため、アメリカ側が「物理的な自作自演」を実行したとする根拠は乏しい。しかしテロ組織との共謀と

取材・文●早川満

9・11はイラクとの戦争を画策するブッシュ政権が仕組んだ〃きっかけ〃説

被災現場で「対テロ戦争」の必要性を訴えるブッシュ
ブッシュはテロ発生から3日後にグラウンドゼロ入り。拡声器による演説は、現場で働く救急隊員や消防隊員たちの「大USAコール」に包まれた

テロ組織との共謀という意味での「自作自演」や「テロの実行を知りながら見逃した」とする説

旅客機1機が突入した米国防総省
航空機がペンタゴンに激突する瞬間の監視カメラ映像は2006年に米政府が公開している

いう意味での「自作自演」や、「テロの実行を知りながら見逃した」とする説については、今でも多くのメディアやジャーナリストたちが検証を続けている。

CIAがつくったテロ組織「アルカイーダ」

この「9・11アメリカ同時多発テロ事件」を主導したテロ組織「アルカーイダ」の精神的指導者であるウサーマ・ビン・ラーディン。その一族とブッシュ家は石油事業などを通じて以前から密接な繋がりがあった。9・11が発生した直後には、ビン・ラーディンの一族が取り調べを受けることもなく、自家用ジェット機でアメリカから脱出。これを許可したのがホワイトハウスとFBIだったともされる。

そもそもアルカーイダ自体がCIAによってつくられた組織であり、事件発生の当初から、「ブッシュ政権とアルカーイダで仕組んだテロ」とする声は政権内部にもあった。

ブッシュ政権が9・11を受け「テロとの戦争」を言い出した際に、イラクを標的としたことも不可解だ。ビン・ラーディンはサウジアラビアの出身で、同国やカタールなどから資金援助を受けていたため、テロとの戦争となれば、まずはそれらの国を攻撃対象とするのが自然となる。そうしなかったのは、もともとブッシュ政権がイラクとの戦争を画策しており、9・11はそれを扇動するためのきっかけにすぎなかったのではないか。

事件のちょうど1年前、2000年9月にはアメリカのシンクタンクが「複数の戦争を同時に遂行し、圧勝するための体制をすみやかに構築するためには、真珠湾攻撃のような出来事が新たに必要になる」と記したレポートを発表しており、これに従って9・11テロが画策されたと信じている米国民も多い。

7大陰謀事件 7

「ウサーマ・ビン・ラーディン殺害」はアメリカとパキスタンの〝出来レース〟説

パキスタンと密約を交わし、差し出されたビン・ラーディンを殺害しただけ

オバマ政権に引き継がれたビン・ラーディン暗殺作戦

オバマと政権幹部はホワイトハウスで「ネプチューン・スピア」を生中継で監視
バイデンやヒラリー・クリントンらも暗殺作戦の実況中継をオバマとともに見守っていた

暗殺作戦「ネプチューン・スピア」の実行を確証がないまま指示したオバマ大統領

激しい銃撃戦の末にビン・ラーディンを殺害

9・11アメリカ同時多発テロ事件の首謀者で国際テロ組織「アルカーイダ」の指導者だったウサーマ・ビン・ラーディンが殺害されたのは2011年5月2日だった。

9・11の報復に燃えるアメリカは血眼になってビン・ラーディンの行方を捜したが、対テロ戦争を始めたパパブッシュ政権時代に見つけることはできず、オバマ政権に引き継がれた。

2010年に事態は大きく進展し、米諜報機関がビン・ラーディンと外部の連絡役を特定して追跡。結果、連絡役はパキスタンの軍事拠点でもあるアボッターバードという街の邸宅に通っていることが判明した。

数カ月にわたる監視により、アメリカは庭を散歩する大柄な男がビン・ラーディンであると推定。オバマ大統領は100％の確証がないまま暗殺作戦「ネプチューン・スピア（海神の槍）」の実行を指示し、米海軍特殊部隊SEALs（シールズ）を中心にした精鋭メンバーたちが2機のステルスヘリでパキスタン領空に入り、ロープで降下して邸宅を急襲した。側近らが応戦したが、数十分にわたる激しい銃撃戦の末に急襲部隊が制圧。ビン・ラーディンらしき男を殺害し、のちにDNA型鑑定によりビン・ラーディン本人だと確認された。以上が公式に発表されている殺害の経緯だ。

「真相」を暴露した調査報道記者ハーシュ

ところが、2015年に英誌『ロンドン・レビュー・オブ・ブックス』で驚くべき「真相」が暴露された。ピューリッツァー賞を受賞したこと

取材・文●佐藤勇馬

ビン・ラーディンの居場所を伝え米軍に殺害させたパキスタン

ビン・ラーディンの遺体はアラビア海で水葬されこれに反発する声がイスラム社会からは多く上がった

イスラム教徒の埋葬法は土葬だが、アメリカを敵に回した世界的なテロリストの遺体を受け入れる国がないことと、遺骨や墓地がテロ組織の崇拝対象にならないようにするため、早急に水葬したとされる

もある調査報道記者のシーモア・ハーシュが、アメリカの発表のほとんどが嘘だと指摘したのだ。

ハーシュによると、ビン・ラーディンは2006年の時点でパキスタンのISI（軍統合情報局）に拘束され、邸宅に軟禁されていたという。

アルカーイダが民族蜂起を扇動する戦略に転換したため、パキスタンはそれを防ぐために指導者のビン・ラーディンを消したがっていた。しかし、ムスリム国家のパキスタンがビン・ラーディンを殺害すれば、国内外のイスラム過激派の反感を買って大混乱に陥る。そのため、パキスタンはアメリカにビン・ラーディンの居場所を伝え、米軍に殺害させようとしたというのだ。

ビン・ラーディン殺害当日に異例の深夜会見を行ったオバマ

ハーシュは、オバマのこの深夜会見の内容についても「ほとんど嘘だった」と断じている

特殊部隊による急襲後の銃撃戦もなかったとされ、邸宅を警備していた側近らはヘリの音が聞こえると立ち去り、ビン・ラーディンは無抵抗のまま殺害されたという。

つまり、公式発表のような「アメリカが執念でビン・ラーディンを捜し出し、正義の鉄槌を下した」というストーリーではなく、アメリカはパキスタンと密約を交わし、差し出されたビン・ラーディンを殺害しただけだったというのだ。

この作戦では、なぜ米軍ヘリがパキスタン領空に侵入しても攻撃されなかったのかという謎があったが、ハーシュの主張が事実なら合点がいく。

ビン・ラーディン殺害の経緯をめぐる違和感は世界に残り、2023年にSNSでビン・ラーディンの「アメリカへの手紙」と題する動画が拡散。ビン・ラーディンが「アメリカはイスラエルと同盟を結んで我々を抑圧し、土地を占領している」と訴えるもので、アメリカの一部の若者たちがテロ組織に共感を示すような事態が起きた。米国民の国家への不信感は今後も続くことになるだろう。

第四章

「戦争国家」アメリカの大陰謀

「共産主義＝悪」のプロパガンダに利用された「朝鮮戦争」初期の朝鮮民族同士の殺し合い

戦闘は朝鮮半島の人間同士でやらせ、戦後の復興事業で利益を上げようと画策

トルーマン大統領が朝鮮半島の南北分割占領をソ連に提案

トルーマン（中央）とスターリン（右）の思惑が朝鮮半島で激突する米ソ代理戦争に

「朝鮮人民共和国」の国号で一国独立の予定だったが、米ソの駆け引きによって南北分断されることになった

ソ連のスターリンの同意と支援を得て金日成は大韓民国への侵略戦争を開始

ソ連の「核兵器」開発成功で金日成が南進を開始

第二次世界大戦中の1943年11月、連合国はカイロ宣言において、日本の統治下にあった朝鮮半島一帯を大戦の終結後に独立国とすることを発表。1945年2月のヤルタ会談における極東秘密協定では、米英中ソの4カ国による朝鮮の信託統治が合意された

しかしその後、ソ連軍は満洲国へ侵攻する際に朝鮮北部の清津市に上陸。朝鮮半島全体がソ連に掌握されることを恐れたアメリカのハリー・S・トルーマン大統領は、朝鮮半島の南北分割占領を提案した。ソ連もこれを受け入れたことで、第二次世界大戦後の朝鮮半島は北緯38度線を境にして北部をソ連軍、南部を米軍が分割して占領することになった。

ソ連は「反日闘争の英雄」として金日成《キムイルソン》をトップに立てて、北朝鮮の統治を任せた。なお第二次世界大戦中に抗日パルチザンとして活動していた金日成は日本軍に処刑されており、戦後、北朝鮮のトップとなったのは金成柱《キムソンジュ》という別人だったとする説もある。

金日成は1950年6月、ソ連の最高指導者、ヨシフ・スターリンの同意と支援を受けて、大韓民国への侵略戦争（南進）を開始する。金日成は当初より武力による朝鮮半島の統一支配（赤化統一）を目指していたが、ソ連が原子力爆弾の開発に成功しないことにはアメリカに対抗できないとのソ連側の判断により、この年まで先延ばしされていた。

第三次世界大戦に繋がる米ソの直接戦闘は回避

連合国最高司令官のダグラス・マッカーサーは、ソ連や中国のスパイ

取材・文●早川満

北朝鮮軍との直接戦闘を避けるように配備された米軍を含む連合国軍

分断された朝鮮民族同士の戦闘は激化し、多くの一般人が犠牲となった

死者数は、韓国が約240万人（軍＝約100万人、民間＝約140万人）。北朝鮮が約292万人（軍＝約92万人、民間＝約200万人）。国連軍が約15万人（うち米軍が約14万人）、中国が軍民計で約90万人と推計される

半島を北軍に完全制圧される寸前に参戦を決めた連合軍

開戦直後は北朝鮮が韓国軍相手に連戦連勝。半島の大半を制圧していった

から得た情報により、この南進計画を1年以上前から把握していたという。だが、そのうえで米軍をはじめとする連合国軍については、直接対決を避けるように配備していた。戦闘そのものは朝鮮半島の人間同士でやらせておいて、武器の援助や戦費の融資、戦後の復興事業などで利益を上げようという考えからだった。

また、トルーマン大統領は戦闘における北朝鮮の蛮行を世界に広く報じ、このプロパガンダによって「共産主義＝悪」の認識を浸透させ、加えて国連や米議会には「反共産主義」の立場を明確に取らせるという狙いがあった。

ソ連側も、米ソの直接戦闘となれば第三次世界大戦にも繋がりかねないことから、北朝鮮と共同戦線を張ることはなく、基本的には武器調達や訓練などの支援に専念していた。

北朝鮮軍が韓国軍を相手に連戦連勝を続け、朝鮮半島のほとんどを制圧すると、ようやくマッカーサーは本腰を入れて、連合国軍による反撃を開始。逆に北朝鮮の首都である平壌を制圧して、壊滅寸前にまで追い込んだ。

しかし、ここで中国が参戦（名目は中国の有志による義勇軍）。ソ連も武器の援助を増強したことで北朝鮮軍も巻き返し、以後は南北それぞれが一進一退の状況となった。

膠着状態を打破するため、マッカーサーは米本国に原子爆弾の使用許可を求めたが、ソ連との全面核戦争を恐れたトルーマン大統領はこれを却下。マッカーサーも司令長官を解任される。

ソ連も絶対的指導者のスターリンが死去したことで休戦ムードが強まり、これを中国の毛沢東国家主席も了承したことで、停戦の合意がなされた。なお現在も正式な終戦は宣言されておらず、また当時韓国のトップだった李承晩《イスンマン》が調印を拒んだこともあって、北朝鮮と韓国は今もなお、国際法的には「終戦」でなく「停戦状態」ということになっている。

「軍産複合体」の巨大化に利用された米史上最大の汚点「ベトナム戦争」

のちにブッシュ家から2人の大統領を生み出した軍産複合体の強大な資金援助

対外戦争におけるアメリカ「唯一の敗戦」

米兵も米国民も米経済も疲弊するだけだったベトナム戦争
ベトナム戦争の死者は米軍側が5万人以上、ベトナム側は300万人近くにのぼり、戦地は地獄と化した

最大54万人の兵士を送り込むも1973年にベトナム戦争から撤退

膨大な軍事支出で冷え込んだ米経済

アメリカの歴史上で「最大の汚点」ともいわれているベトナム戦争。米軍だけで5万人以上が戦死し、祖国に戻った帰還兵もPTSD（心的外傷後ストレス障害）などを発症し、泥沼化する戦争で経済が冷え込んだことでアメリカは疲弊していった。

アメリカにとって対外戦争における「唯一の敗戦」ともみなされ、誰も得しなかった戦争のように捉えられている。しかし、この戦争で莫大な利益を得ている者たちがいた。

ソ連とアメリカが対立していた冷戦期。１９６０年に結成された南ベトナム解放民族戦線が、翌年に北ベトナムの支援のもとで南ベトナム政府に対して本格的な抗争を開始。アメリカは共産主義がアジアに広がることを防ぐためとして、資本主義の南ベトナム政府を支援した。一方の北ベトナムはソ連や中国という社会主義・共産主義陣営に支えられ、戦争は長期化していった。

アメリカは大規模な爆撃（北爆）を実施したが、ゲリラ化してジャングルに潜んだ敵軍に苦しめられた。アメリカは敵軍をあぶりだすために枯れ葉剤を散布し、のちに子供の先天障害を多く引き起こしたと指摘されている。

米陸軍部隊が無抵抗の住民５０４人を殺害した「ソンミ村虐殺事件」（１９６８年）のような惨劇も起き、これがメディアで報じられると米国内で大規模な反戦運動が起きた。

兵士たちは命懸けで戦ってもアメリカに帰れば「人殺し」と罵られ、戦場の悲惨な体験によって精神を病む者も少なくなかった。長引く戦争で軍事支出が膨大な額となり、米経済は冷え込んだ。

取材・文●佐藤勇馬

軍産複合体はベトナム戦争で肥大化し その後も資金力を蓄えるために戦争を利用

ベトナム戦争に費やした戦費は現在の価値で約100兆円

ベトナム戦争後に台頭していったブッシュ家
2人の大統領をはじめ、州知事や上院議員、銀行家などを輩出したブッシュ家。彼らの繁栄は軍産複合体の巨大化と密接に関係している

アメリカは最大54万人の兵士を送り込み、ベトナム全土に爆撃を実施したが、それでも解放民族戦線を屈服させることはできず、1973年にベトナム戦争から撤退。南ベトナムは1975年に降伏し、ベトナムは統一された。

パパブッシュの祖父が軍産複合体の創設に関与

アメリカの大半の国民にとってベトナム戦争は苦い経験となったが、唯一潤った集団がいた。それは癒着した軍需産業と軍部を中心として、政治家、官僚、研究者らも巻き込んだ「軍産複合体」だ。

ベトナム戦争の終結までにアメリカが費やした戦争費用は作戦に要したコストのみで総額1110億ドル（現在の価値で約100兆円）にのぼり、ピークの1968年にはGDP比で約2・3％を占めた。これだけの莫大な予算が兵器メーカーなどの軍需産業に流れ、周辺関係者らを含めた「軍産複合体」に特需をもたらしたのである。

第41代および第43代大統領を生み出したブッシュ家は、ジョージ・H・W・ブッシュ（パパブッシュ）の祖父にあたるサミュエル・ブッシュが軍産複合体の創設に関わったことで知られる。ブッシュ家が2人の大統領を生み出した背景には、軍産複合体の援助があったと指摘され、アメリカの政治を裏から操ってきた巨大組織であるとみられている。軍産複合体はベトナム戦争で肥大化し、その後も資金力を蓄えるために戦争を利用した。

現在もアメリカが関与しているウクライナ戦争やイスラエル・ハマス戦争の背後に軍産複合体があり、彼らを潤わせるために戦争が起こされたとの見方もある。軍産複合体を肥え太らせるために、罪なき人々が苦しみ、貴重な命を散らしているのだとしたら許しがたいことだ。

大量の兵器を戦地に供給した軍産複合体
当時の高価な最新兵器が大量に投入され続け、計785万トンの爆弾が使用された

「湾岸戦争」で軍産複合体は大いに潤い 日本は自衛隊の海外派遣の法制化へ

日本はアメリカにとって「ヒト・モノ・カネ」がさらに都合よく使える国に

反イラクの国際世論を煽った「ナイラ証言」と「油まみれの水鳥」

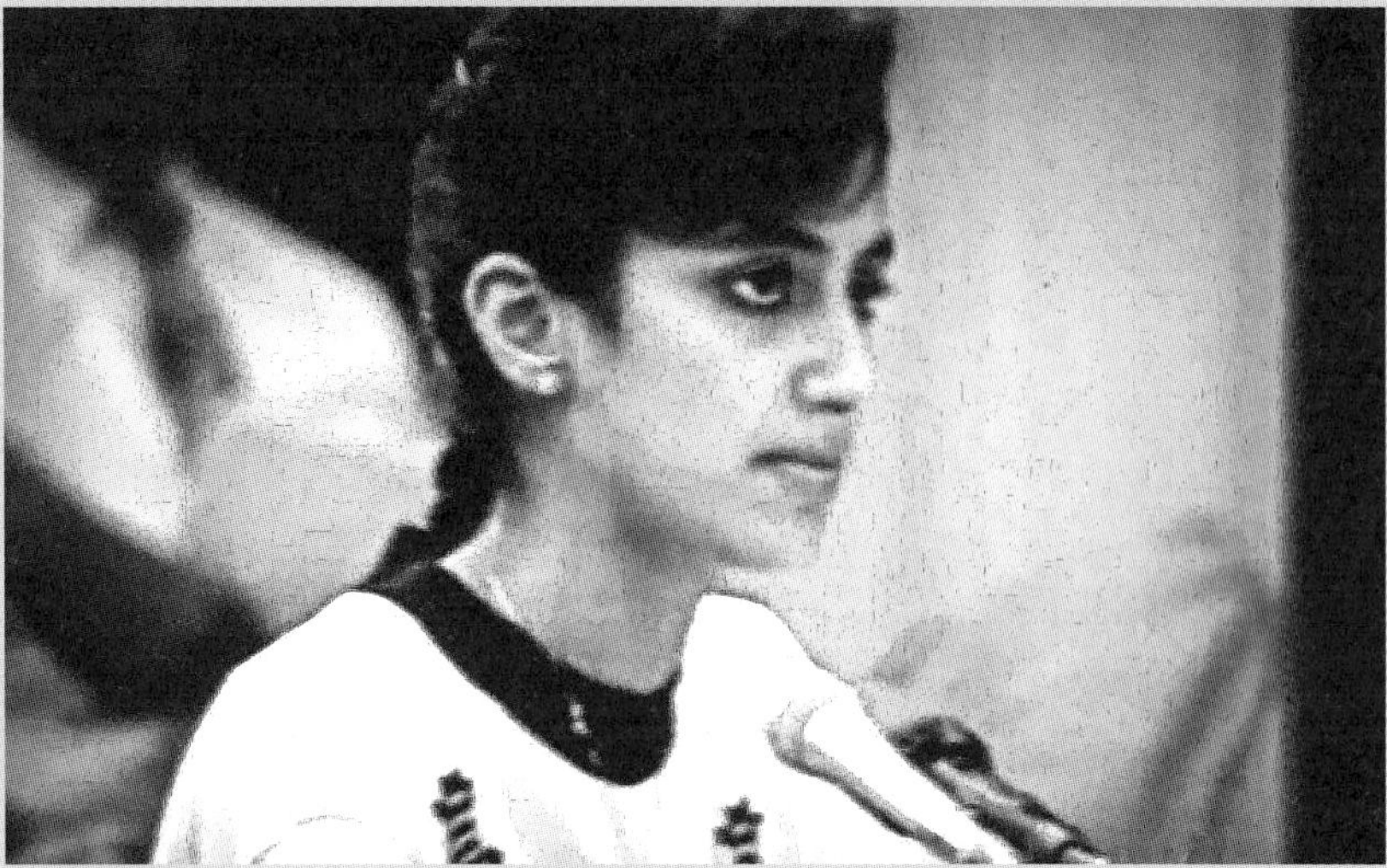

多国籍軍のイラク攻撃を決定づけた「ナイラ証言」

米議会における少女の訴えは湾岸戦争開始の世論形成のためにでっち上げられたものだった

130億ドルを多国籍軍へ拠出したものの「人的貢献がなかった」と"国際的批判"を浴びた日本

対イラク開戦を強行するため行われた様々な工作

　1990年10月10日、アメリカ議会の人権委員会において、当時15歳の少女ナイラは「クウェート侵攻」（1990年8月）後のイラク軍に関し「イラク軍兵士が、クウェートの病院において、保育器に入った新生児を取り出して放置し、死に至らしめた」と、涙ながらにその蛮行を訴えた。

　この「ナイラ証言」よってイラクを批判する世論が高まると、ジョージ・H・W・ブッシュ大統領（パパブッシュ）が主導する形で、翌1991年1月、米軍を中心とした40カ国以上、50万人超の兵士による多国籍軍はイラク軍への攻撃を開始した。

　だがクウェート解放後になって、ナイラはクウェート駐米大使の娘であり、クウェートと米政府の意を受けたPR会社が、「反イラクの国際世論を煽る」ために行ったキャンペーンの一環であったことが判明している。

　他にもクウェートと米政府、CIAが共謀して、対イラク開戦を強行するために、様々な工作を行った。まず経済的にイラクを締めつけると、米国駐在イラク大使はサダム・フセインのクウェート侵攻計画を非難することなく黙認。アラブ諸国がイラクの説得に当たろうとするとアメリカはこれに圧力をかけて破綻させるとともに、サウジアラビアへの米軍駐留を強行した。

　日本で「多国籍軍へ90億ドルを拠出するべきか否か」の議論が起きたタイミングでは、「油まみれの水鳥」の映像と写真が全世界に流された。これによって「イラクがペルシャ湾へ原油放出をしたせいで、大変な環境破壊が起こっている」「そんなイ

取材・文●早川満

ナイトホーク、トマホーク、無人偵察機など ハイテク新兵器の見本市となった湾岸戦争

圧倒的な戦果を生んだトマホークによるピンポイント爆撃

自律飛行により目標を攻撃する巡航ミサイルのトマホーク。湾岸戦争から30年以上が経過した2025年からは、日本でも従来型と最新鋭型を合わせて最大で500発が自衛隊に導入される見込みとなっている

ラクを倒さなければならない」という世論が形成されたが、この水鳥が油まみれになったのは米軍の軍事作戦によるものだったことがのちに明らかになっている。

結局日本は、総額でおよそ130億ドルを拠出したものの、「人的貢献がなかった」として、〝国際的批判〟を浴びることになる。このことは日本の外交における一種のトラウマとなり、のちの自衛隊海外派遣や、集団的自衛権の閣議決定などにまで繋がった。この〝国際的批判〟もパパブッシュが仕掛けたとされ、日本はアメリカにとって「ヒト・モノ・カネ」が都合よく使える国となった。

パパブッシュの最大の支援組織「軍産複合体」

イラクによるクウェート侵攻は、イランとの戦争で疲弊した財政を再建するためにクウェートの石油資源の収奪を図ったものだったが、アメリカはそのイラン・イラク戦争（1980〜1988年）でイラクを支援していた。そこから掌を返してイラク討伐に乗り出したのだから、イラクのフセイン大統領はすっかりアメリカに踊らされていたわけである。

湾岸戦争はイラクへの空爆に始まって、地上戦でも多国籍軍が圧倒。2カ月足らずのうちにイラク軍はクウェートから撤退して、停戦協定が結ばれた。

この戦争においてはステルス戦闘機ナイトホークや、トマホーク巡航ミサイル、ドローンの先駆けといえる無人偵察機などのハイテク兵器が次々と投入され、まるで新兵器の見本市の様相を呈した。これはパパブッシュの最大の支援組織である「軍産複合体」を大いに潤わすことになった。

戦闘の映像がリアルタイムで中継される様子はゲーム画面を見ているようでもあり、「砂漠の嵐」「砂漠の剣」などのドラマチックな作戦名も相まって、一部では「ニンテンドー戦争」とも称された。だが実際に戦闘が行われたイラク南部などでは、小児がんや先天性の奇形児が急増する悲劇も起きている。これについては米軍が使用した劣化ウラン弾による環境破壊が原因ではないかと疑われている。

石油利権独占を目論む「ネオコン」勢力が「イラク戦争」でフセインの完全排除を主張

フセイン排除後も頻発するテロで、いっこうに安定しないイラクの治安状態

明確な証拠がなかった イラクの「大量破壊兵器の隠匿」

ベイビーブッシュ政権で国務次官を務めた ネオコンの代表的人物・ジョン・ボルトン
対イラク開戦の裏には、ボルトンをはじめとするネオコン勢力による強い要請があったとみられている

開戦からわずか2週間あまりで ベイビーブッシュは勝利を宣言

フセインさえ排除すれば イラクは民主化すると楽観

2003年3月20日、アメリカを主体としたイギリス、オーストラリア、ポーランドなどの有志連合は、イラクのサダム・フセイン政権が国連の求める大量破壊兵器に関する査察に非協力的だったことを理由に、「イラクの自由作戦」と銘打ったイラクへの侵攻（イラク戦争）を開始した。日本の小泉純一郎首相も作戦への支持を表明すると、「イラク特措法」を成立させて、2004年1月には人道的復興支援のため陸上自衛隊と航空自衛隊を、非戦闘地域に限定して派遣している。

だがアメリカの主張した「大量破壊兵器の隠匿」については明確な証拠がなく、国連決議においてもフランスやドイツなどが査察の継続を主張していた。それでもアメリカがイラク侵攻を強行したのは、ジョージ・W・ブッシュ（ベイビーブッシュ）政権内の新保守主義＝ネオコン勢力がフセイン政権の打倒を主張したことによる。彼らはフセインさえ排除すればイラクが民主化すると楽観していた。当然、イラク民主化後の石油利権の独占を目論んでのものだった。

フセインをピンポイントで狙った首都バグダード空爆から始まったイラク戦争は、想定以上の抵抗を受けたものの、2003年4月4日にはバグダードに突入。フセイン政権は崩壊し、米軍の手により市内のサダム・フセイン像が引き倒された。それから間もなくしてイラク軍の組織的な抵抗は終わり、ベイビーブッシュは勝利を宣言した。フセインはその後も潜伏を続けたが、同年12月、狭い穴倉に横たわって隠れていたところを米軍により拘束された。

取材・文●早川満

死刑執行官がフセインに「地獄に堕ちろ」と罵声を浴びせる映像に反発して暴動が発生

米軍により引き倒されるバグダッドのサダム・フセイン像

バグダッド中心部の広場に立っていた高さ約12メートルのフセイン像は、当初「圧政から解放されたイラク市民たちが打ち倒した」と伝えられたが、実際には米海兵隊がほとんどの作業を行っていた

判決からわずか4日後に死刑を執行されたフセイン

2005年から始まったフセインの裁判では、翌年に死刑判決が下された。罪状は「ドジャイル村で起きた148人殺害事件に関与した、シーア派などへの人道に対する罪」という、過去のフセインの所業からすると実に些細なものだった。

フセインから弾圧を受けてきた、当時のイラク政権内の反フセイン幹部たちの強い意向により、判決からわずか4日後に死刑を執行。イラク政府は「フセインの死を明確に示す必要がある」として、絞首刑執行時の映像を内外のメディアに提供した。さらには、死刑に立ち会った執行官がフセインに対して「地獄に堕ちろ」と罵声を浴びせる映像（個人が携帯電話で撮影したとみられる）も流布され、これに反発したフセインと同じイスラム教スンニ派の人々がイラク各地で暴動を起こす騒ぎにもなった。

なお2011年になって、開戦の根拠とされた大量破壊兵器の開発情報が捏造であったことがイギリスのメディアで報じられた。大量破壊兵器の情報をもたらした亡命イラク人男性が、フセイン政権を倒すためにでっち上げたものだった。また米政府も、大量破壊兵器はすでに破棄されていたことを正式に認めている。

フセインを排除したあともイラク情勢は安定せず、2015年にはイスラム過激派組織のイスラム国（ISIL）がイラク国内で台頭。2017年にISILからのイラク全土の解放が宣言され、その影響力は縮小していったが、その後もアメリカを含む有志連合軍が駐留する基地などを標的とした民兵組織によるテロ攻撃が頻繁に発生。治安の回復にはほど遠い状態が続いている。イラク国民からは「フセインのイラク統治時代に無差別の自爆テロはなく、治安もよく、市民は安心して街に出て買物をし、レストランで食事ができた」などの、フセイン時代への回帰を望む声が高まっているという。

ビン・ラーディン殺害しか成果がなかった「アフガニスタン侵攻」アメリカの大失態

アルカーイダとターリバーンの区別もつかず、明確な戦略方針もなく始めた侵攻

約20年間続いたアメリカによるアフガニスタンへの軍事介入

9・11の報復として米軍は2001年10月にアフガニスタンをテロ支援国とみなし侵攻

現地の実状も知らないまま、「アメリカの正義」のためだけにアフガニスタン侵攻は始まった

アメリカの統治戦略はアフガニスタンの指導者たちを賄賂でコントロールするだけ

アメリカ流の民主主義による新体制を画策

『ワシントン・ポスト』紙の調査報道をまとめた書籍『アフガニスタン・ペーパーズ』。ここでは１０００名を超える政府・軍関係者へのインタビューや、ドナルド・ラムズフェルド国務長官の残した膨大なメモなどをもとにして、２００１年から２０２１年まで約20年間続いたアメリカによるアフガニスタンへの軍事介入の隠されてきた真実が暴かれている。

同書によると、アメリカは当初アルカーイダとターリバーンの区別もつかず、明確な戦略方針もないまま、「アフガニスタン侵攻」をスタートしたという。

なおターリバーンとは、ソ連撤退後のアフガニスタンで内戦状態のなか、イスラム教の神学校に学ぶ学生たちが中心となって１９９４年に結成された組織である。いわばエリート層の集まりで、国民からの信頼は厚かった。そんなターリバーンの最大の目的は、内戦で混乱した国内の秩序や治安を回復し、外国の勢力を排除することによって、安心して暮らせる社会をつくることにあった。

一方のアルカーイダは、指導者であるウサーマ・ビン・ラーディンがターリバーンの初代最高指導者であるムハンマド・オマル師に忠誠を誓う関係ではあったが、その実態は純然たる国際テロ組織だった。

アメリカはそのような違いも、アフガニスタンの文化習慣も知らないまま、ただアメリカ流の民主主義による新体制をつくろうとした。これでは当然うまくいくはずがない。２００４年に成立したアフガニスタン・イスラム共和国においては、初代大統領ハーミド・カルザイをはじ

取材・文●早川満